Eine kulinarische

Entdeckungsreise

durch Schwaben

Wolfgang Fassbender • Johann Scheibner

Eine kulinarische Entdeckungsreise durch Schwaben

UMSCHAU

Schwaben

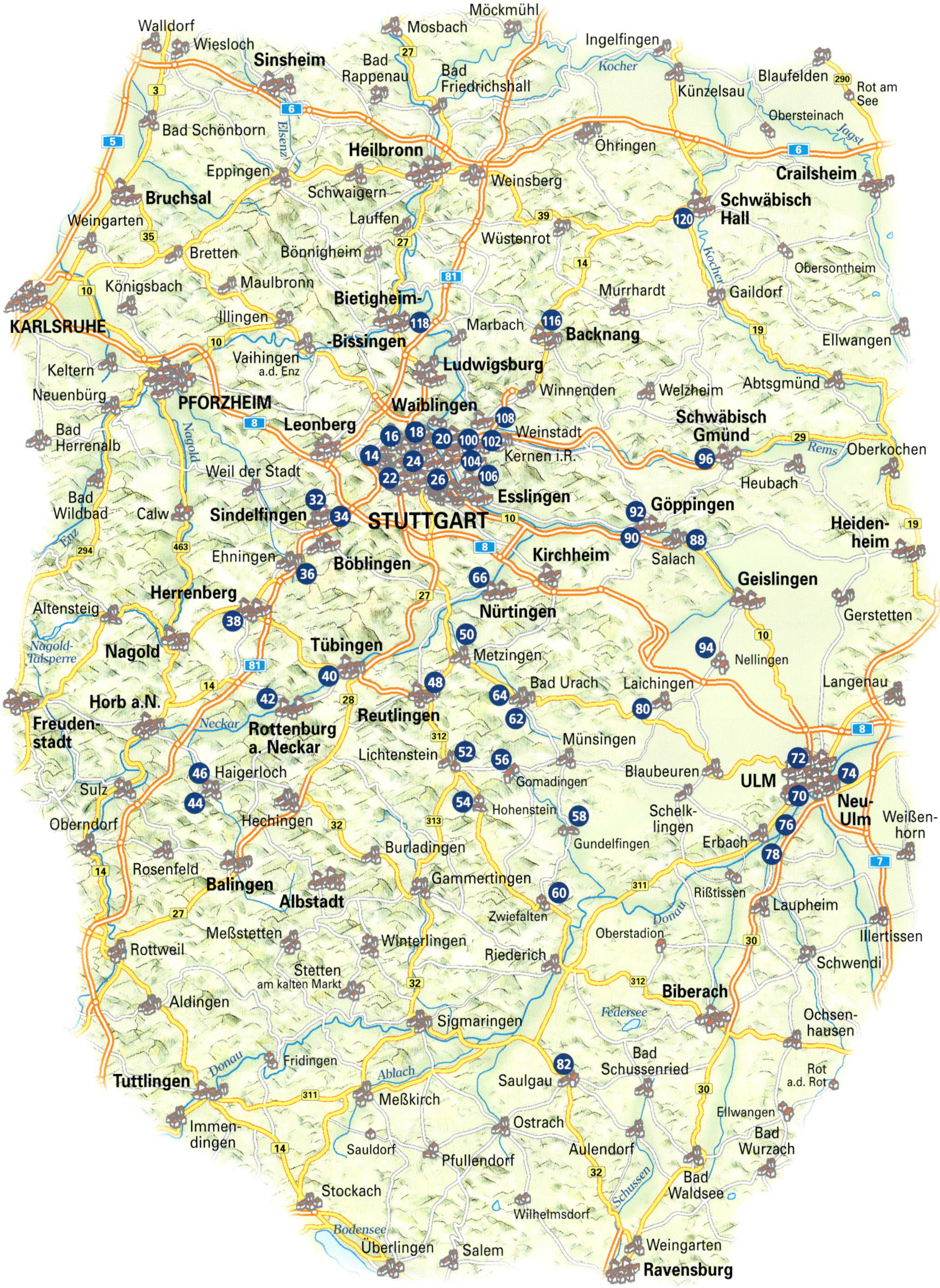

Die Zahlen in der Karte sind identisch mit den Seitenzahlen der einzelnen Betriebe in diesem Buch und bezeichnen ihre Lage in Schwaben.

Inhalt

Happy Fruit
MARQU

Vorwort

Liebe Freunde der Schwäbischen Alb,
liebe Feinschmecker,

es freut mich ganz besonders, Sie mitzunehmen auf eine kulinarische Entdeckungsreise durch die Felder, Wiesen und Auen der Schwäbischen Alb. Die gesamte Region hat schließlich viel Besonderes und Gutes zu bieten – gerade auch bei den Produkten der heimischen Landwirtschaft und in der Gastronomie.

Die regionalen Spezialitäten aus dem Ländle haben nicht nur einen guten Ruf, sie schmecken auch hervorragend. Davon können Sie sich in zahlreichen Restaurants und Landgasthöfen auf der Schwäbischen Alb überzeugen.

Dieser kulinarische Führer soll dazu beitrage, dass wir nicht nur „sparen und schaffen", sondern auch in gemütlicher Atmosphäre genießen können. Auch das Motto „essen und trinken hält Leib und Seele zusammen" wird von uns bei einem guten Tropfen ernst genommen.

Hohe gesetzliche Standards wie beim Herkunftszeichen Baden-Württemberg oder unter dem Motto „Schmeck den Süden Baden-Württemberg" sichern Qualität. Viele engagierte und kreative Landwirte und Gastronomen betonen die regionale Herkunft und naturnahe Erzeugung ihrer Produkte. Gerade für mich als Gastwirt ist es eine große Herausforderung, diese beiden Faktoren zusammenzuführen – denn was wäre unsere Heimat ohne eine intakte Landwirtschaft? Wir müssen unser Kulturgut und unsere Heimat festigen, indem wir auch ihre hervorragenden Produkte verarbeiten und sie zu kulinarischen Köstlichkeiten entwickeln.

Vor allem in der heutigen Zeit, angesichts der Umstellung auf den Euro und der Konsumzurückhaltung, ist es umso wichtiger, dass wir die mittelständische Gastronomie auf dem Land und in der Stadt besonders unterstützen. Und Sie werden sehen, dass wir hervorragende Betriebe haben!

Nun wünsche ich Ihnen einen interessante und Appetit anregende Lektüre. Ganz persönlich würde es mich freuen, wenn ich Sie hier und da in den wunderschönen Restaurants, Landgasthöfen und Hotels des Südens von Baden-Württemberg begrüßen dürfte.

Ihr Peter Schmid
Präsident DEHOGA Baden-Württemberg

Wein spielt in Stuttgart schon seit vielen Jahrhunderten eine bedeutsame Rolle. Unter allen deutschen Metropolen ist die baden-württembergische Landeshauptstadt schließlich die einzige mit bedeutsamem Weinbergsbestand. Und das bereits seit langer Zeit – mit großer Wahrscheinlichkeit haben hier schon die Römer Reben kultiviert. Seit dem Mittelalter ist Wein so richtig in Mode gekommen und sein Anbau von den Herrschenden nach Kräften gefördert worden. Als im Jahre 1511 der württembergische Herzog heiratete, durften die Stuttgarter sogar gratis aus einem Weinbrunnen vom vergorenen Traubensaft naschen – so viel sie wollten. Angeblich ging die Zahl der ausgeschenkten Liter in die Millionen! Ein Indiz, wie wohlfeil Wein in jenem Jahr gewesen sein dürfte. Je nach Klimaperioden und Wetter während der Ernte wechselten ertragreiche allerdings mit kargen Jahren. Manchmal quollen die Keller der Weingärtner – wie hier die Winzer heißen – schier über, dann wieder war Wein ein Luxusartikel. Dank moderner Anbaumethoden haben die heutiger Erzeuger solche Probleme nicht mehr in ähnlichem Umfang. Erstaunlicherweise haben sich, trotz der gewaltigen Ausdehnung der bebauten Fläche seit dem Mittelalter, sogar im Herzen der alten Residenzstadt noch Rebflächen erhalten. In den letzten Jahrzehnten hat die Stadt, die auch über ein eigenen Weingut verfügt, erhebliche Anstrengungen unternommen, die verbliebenen Weinberge zu erhalten oder gar zu rekultivieren. Die verständlicherweise kleinen Parzellen im Zentrum Stuttgarts sollen keineswegs Bodenspekulanten in die Hände fallen, sondern

auch in Zukunft zum Flair der Stadt beitragen. Und so dürfte es auch im 21. Jahrhundert alljährlich wieder Weine der Stuttgarter Mönchhalde geben, vom Kriegsberg oder vom Scharrenberg. Legendär geworden ist auch eine Lage des längst eingemeindeten Stuttgarter Ortsteils Cannstatt: Der Name Cannstatter Zuckerle deutet nicht etwa darauf hin, dass dem Wein Rübenzucker zugesetzt worden wäre, sondern verweist auf die natürlich hohen Mostgewichte in dieser sonnenbegünstigten Parzelle.
Aber was wäre der Wein ohne die passende Begleitung? Stuttgarter wissen seit jeher, dass gutes Essen zum Leben gehört wie ein „Viertele" Trollinger. Noch heute wimmelt es in der Altstadt und in den Vororten nur so von traditionsreichen Weinstuben, dazu haben sich unzählige Restaurants vom Gourmettempel bis zur italienischen Osteria

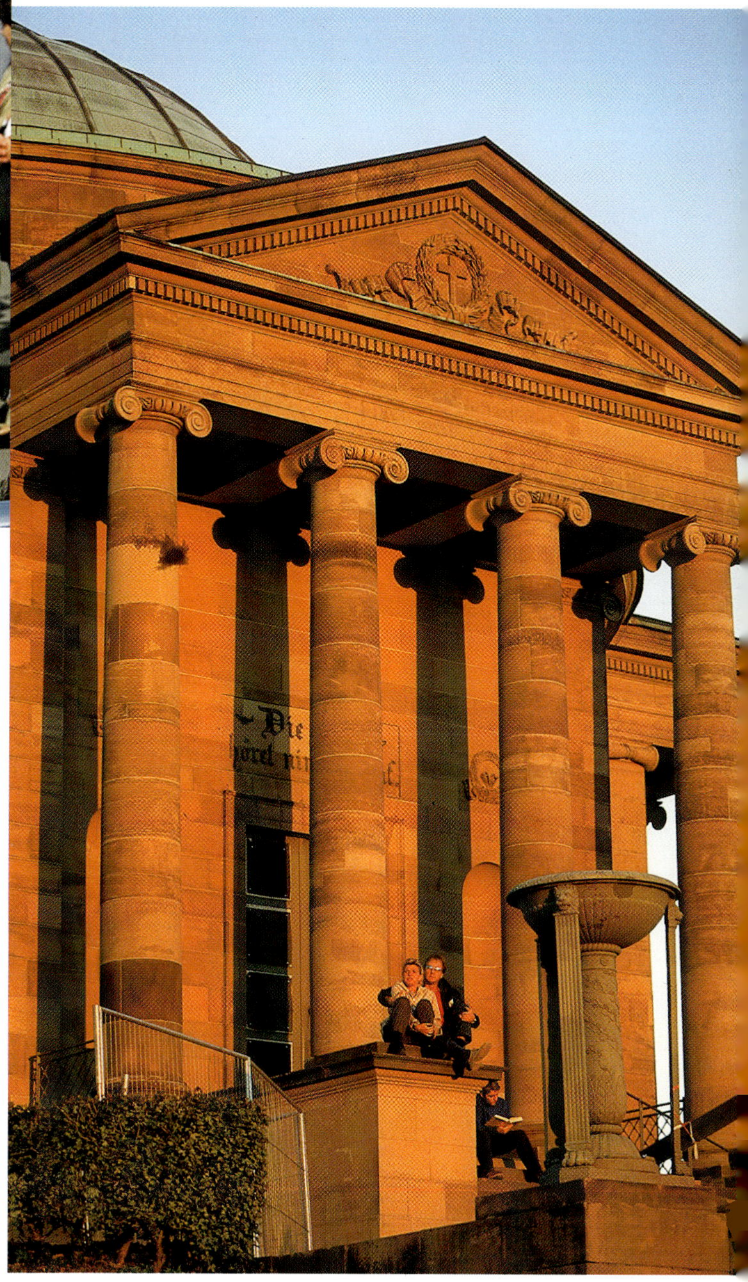

etabliert. Stuttgarter Köche sind im Fernsehen präsent, und mancher Restaurantführer hält nicht München, Berlin oder Köln, sondern die Hauptstadt des Ländle für Deutschlands eigentliche kulinarische Metropole!

Hotel am Schlossgarten

Hotel am Schlossgarten

Schillerstrasse 23
70173 Stuttgart

Telefon 07 11 – 2 02 60
Telefax 07 11 – 2 02 68 88

Geöffnet:
Die Zirbelstube hat von 12 bis 14 und von 19 bis 22 Uhr geöffnet, Sonntag und Montag Ruhetage. Das Schlossrestaurant öffnet von 12 bis 15 und von 18 bis 23 Uhr, kein Ruhetag.

Luxuriöse Hotels können, einerseits, groß sein und mehrere hundert Zimmern besitzen. Geschäftiges Treiben spielt sich dort ab, Pagen und Concierges laufen umher. Doch Luxus-Hotels können auch, andererseits, klein und individuell sein, gerade mal etwas über hundert Zimmer und Suiten zur Verfügung stellen. Hier werden Gäste nicht als Nummern gesehen, sondern persönlich begrüßt. Stammkunden kennen „ihre" Zimmermädchen schon seit langem und freuen sich schon auf „ihren" bevorzugten Tisch im Restaurant.
Das „Hotel am Schlossgarten" gehört, eigentlich keine Überraschung mehr, zur zweiten Kategorie und passt damit genau in das Ensemble des Hoteliers Thomas H. Althoff. Der ist bekannt für seine individuell geführten Betriebe, zu denen unter anderen die Luxus-Häuser Schloss Bensberg sowie Schloss Lerbach nahe Köln gehören. Und eben die noble Stuttgarter Herberge gegenüber dem Hauptbahnhof, nur wenige

Schritte von der Fußgängerzone und Innenstadt entfernt.
Wer hier nach dem Einchecken kulinarisch entspannen möchte, hat dazu gleich mehrfach die Möglichkeit. Im Erdgeschoss begeistert das Café mit hausgebackenen Kuchen, gleich nebenan hält die Vinothek eine erstaunliche Auswahl an glasweise servierten Weinen aus aller Welt bereit. Dazu ein Pasta-Gericht, ein Teller mit Rohmilchkäse oder frisch gebackener Zwiebelkuchen – und das Genießerglück ist bereits vollkommen. Einheimische schätzen die „Vinothek" daher ebenso wie Stuttgart-Ausflügler oder Geschäftsreisende.
Apropos Wein – der „Schlossgarten" steht auch eine Etage höher ganz im Zeichen des Rebensaftes und der entsprechenden kulinarischen Begleitung. In der Bel Etage des Hotels befindet sich das „Schlossgarten"-Restaurant mit seiner jahrzehntelangen Tradition. Ein Fenstertisch mit Blick in den - natürlich! - Schlossgarten ist hier begehrt, vor allem an Wochenenden empfiehlt sich eine Reservierung. Das gilt natürlich auch für das Gourmetrestaurant Zirbelstube, „die gute Stube des Hauses" und ein Eldorado für verwöhnte Feinschmecker . Allein schon architektonisch ein Traum, dieses mit hellem Zirbelholz ausgekleidete Restaurant, das mit Gemälden und Blumenarrangements verfeinert wurde.
Für beide Lokalitäten ist seit Herbst 2002 Bernhard Diers verantwortlich, der zuvor in München zwei Michelin-Sterne erkochte. An der neuen Wirkungsstätte verfeinert er schwäbische Traditionen und beste internationale Produkte, kreiert aus Steinbutt und Trüffeln, aus Lammrücken und Gänseleber Gerichte für Gourmets. Abgestimmt natürlich auf das legendäre Weinsortiment des Hauses, das von der langjährigen Sommelière
Irene Kuhnert zusammengestellt wurde. Eine Cuvée des Württemberger Winzers Drautz-Able, ein Weißwein von Elleanger oder lieber ein edler Burgunder zum Hauptgang? Die Expertin kennt sich aus und schenkt Passendes zu jedem Gang glasweise ein. Zum guten Schluss, nach vielen Gängen und noch mehr hausgemachten Pralinen zum Café, verrät dann Restaurantchef Florian Gartner ein Geheimnis. Ein eigener Aufzug bringt die Besucher direkt von der „Zirbelstube" in die Tiefgarage hinab. Und beim nächsten Besuch, der so bald wie möglich stattfinden sollte, auch wieder hinauf.

Di Gennaro

Di Gennaro Delikatessen und Gastronomie GmbH

Kronprinzstrasse 11
70173 Stuttgart

Telefon 07 11 – 2 22 96 03

Öffnungszeiten
Restaurant: Montag bis Samstag
9-22.30 Uhr, Sonntag Ruhetag

„Di Gennaro“ ist Stuttgart, und Stuttgart wäre ohne „Di Gennaro“ nicht vorstellbar. Der Klassiker unter den italienischen Delikatessen- und Weinhandlungen der Landeshauptstadt gehört ins Ländle wie Spätzle und Maultaschen, wie Zwiebelrostbraten und „der Daimler“.
Aber was heißt hier schon „Di Gennaro“? Mit diesem Begriff ist die ganze Vielfalt eines italienischen Genussimperiums gemeint. Zum Beispiel das Feinkostgeschäft im Zentrum der Stadt; in der Kronprinzstraße türmen sich bereits vor dem Geschäft Riesenkürbisse und exotische Früchte, während man durch die Scheiben gewaltige Brotlaibe und Berge hausgemachter Pasta erkennen kann. Wer eintritt in das italienische Feinkostparadies, steht nicht bloß vor langen Vitrinen voller Antipasti, Gorgonzola und altem Parmigiano, Schinken und Salami, sondern auch vor einem Wall an italienischen Weinen. Denn „Di Gennaro“ ist Importeur von Barolos, Brunellos und anderen italienischen Crus der Spitzenklasse, vor Ort sorgfältig ausgewählt und in Stuttgart

und im gesamten Bundesgebiet an vielen Adressen zu haben. Und obwohl die Stuttgarter traditionell gerne südländische Spezialitäten konsumieren und in ihrer Stadt ein breites Angebot gewohnt sind, werden sie bei „Di Gennaro“ doch immer wieder staunen ob der Fülle an Weiß- und Rotweinen aus vielen Regionen Italiens. Piemont, Toskana, Friaul und all die anderen Weinbaugebiete jenseits der Alpen haben sich in den letzten Jahrzehnten zu wahren Weinkenner-Paradiesen entwickelt. Vom frischen Weißwein für den alltäglichen Konsum bis zum kraftvollen Rotwein mit Barriqueausbau reicht das Angebot bei „Di Gennaro“. Wie gut edelste Chianti aus der Sangiovese-Traube oder Piemonteser Nebbiolo-Crus zu reifen vermögen, beweisen eindrucksvoll die älteren Jahrgänge des Sortiments. Hier ist mit Sicherheit für jeden Anspruch und jeden Geldbeutel das Passende dabei! Und weil Weineinkauf wenig Spaß macht ohne die angemessene Beratung, arbeiten in der Weinhandlung

Experten mit einem unverkennbaren Faible für Wein und viel Fachwissen! Die eigene Vinothek kann für Veranstaltungen gemietet werden. Und neben der Delikatessenhandlung in der Stadtmitte lockt auch der überwältigend sortierte „Di-Gennaro-Stand“ in der Stuttgarter Markthalle.

Aber inzwischen kann man bei Stuttgarts Gourmet-Italiener nicht nur einkaufen, sondern auch an Ort und Stelle schlemmen. In der Kronprinzstraße, gleich neben dem Feinkostgeschäft, kehren die Kenner ein, um eines der italienischen Gerichte und Köstlichkeiten zu bestellen, wie sie in der Stadt kaum anderswo zu haben sind. Von morgens bis abends kann man hier auch Platz nehmen, um eine dampfend heiße Latte Macchiato oder einen exklusiven Snack zu genießen. Die Produkte sind ja da, und das motivierte Küchenteam braucht frischen Tunfisch, Calamari, Lammrücken oder Ente nur zu veredeln. Mit seiner Einrichtung – Parkettboden, feinste Gläser und Kerzen auf den Tischen – gehört „Di Gennaro“ zu den schönsten Restaurants weit und breit – und mit seinem wohl gefüllten Keller zu den besten Weinlokalen der Stadt. Räumlichkeiten für Veranstaltungen sind ebenfalls vorhanden. Mehr kann man nicht verlangen!

DI GENNARO
Markthalle
70173 Stuttgart

Telefon 07 11 – 24 54 97

GEÖFFNET:
Montag 12-18.30 Uhr, Dienstag bis Freitag 7.30-18.30 Uhr, Samstag 6.30-16 Uhr

Flair Hotel Wörtz

Flair Hotel Wörtz – Restaurant & Schlösschen Zur Weinsteige

Hohenheimer Strasse 28-30
70184 Stuttgart-Mitte

Telefon 07 11 – 2 36 70 00
Telefax 07 11 – 2 36 70 07

Restaurant-Öffnungszeiten:
12°°-14°° Uhr und 18°° bis 22°° Uhr
Ruhetage: Sonntags, Montags und Feiertags (ausser Weihnachten)

Nahe der Weinsteige, unweit der Sehenswürdigkeiten der Landeshauptstadt Stuttgart, des Bahnhofs und der Fußgängerzone, befindet sich das traditionsreiche, familiengeführte „Flair Hotel Wörtz Zur Weinsteige". Dass in diesem Haus der Bezug zum Wein nicht nur in der Namensgebung zu finden ist, sieht man schon an Süddeutschlands größtem, kunstvoll handgeschmiedetem Wirtshausschild, aber auch an der Auswahl von über 750 Spitzengewächsen auf der Weinkarte und an den Weinranken, die bis in den sechsten Stock ragen.
Im Jahre 1955 als einfacher Gasthof erbaut, wurde es durch den Sohn des Firmengründers, Richard Scherle, und dessen Söhne Jörg und Andreas durch stetigen Umbau zu einem einzigartigen gastronomischen Kleinod im Zentrum Stuttgarts.
Jahrhunderte altes Eichenholz wurde zur Ausstattung und Herstellung von Möbeln verarbeitet. Viele kunstvolle Schnitzereien, Schmiedearbeiten und Antiquitäten formen dieses einmalige Ambiente, wobei moderne Technik, versteckt integriert, zum Komfort und zur Bequemlichkeit der Gäste beiträgt. Hierzu gehört unter anderem der absolute Lärmschutz mit individueller, elektrischer Frischluftzufuhr.
Wer es noch luxuriöser wünscht, sollte sich ein Zimmer im neu erbauten „Schlösschen Zur Weinsteige" reservieren. Zum Beispiel die romantische Louis-XVI-Suite mit Originalmöbeln aus dem 19. Jahrhundert und einem runden Whirlpool mit funkelndem Sternenhimmel und Marmorsäulen inmitten des Raumes.
Im kunst- und liebevoll eingerichteten und von namhaften Gourmetführern empfohlenen Restaurant „Zur Weinsteige" werden

von Küchenchef Jörg Scherle nicht nur Steinbutt, Lamm, heimisches Wild und Bachsaiblinge aus eigener Haltung veredelt, die Gäste werden auch mit schwäbischen Klassikern wie dem Zwiebelrostbraten mit handgeschabten Spätzle, die in eindrucksvoller Qualität auf den Teller kommen, verwöhnt.

Für den Service und die Weinberatung zeichnet Bruder Andreas Scherle verantwortlich.

Im sehenswerten alten Gewölbekeller von 1870 schlummern ca. 15 000 Flaschen Wein, von Württemberger Raritäten bis hin zu edlen Bordeaux, aber auch fast alle anderen Anbaugebiete der Welt sind gleich dutzendfach vertreten. Vieles wird glasweise ausgeschenkt, immer passend zu den Speisen. Spätestens wenn Seniorchef Richard Scherle nach einem exzellenten Abendessen bei einer Weinkellerbesichtigung ein Glas Fasswein oder gar eine gereifte Beerenauslese reicht, merkt man, dass hier der Gast von Familie Scherle rundum kulinarisch verwöhnt wird.

Steinbuttfilet unter der Kartoffelschuppe auf Safransauce mit Rote-Bete-Stroh

Zutaten für vier Personen

700 g filierter Steinbutt
300 g geschälte festkochende Kartoffeln
300 g geschälte festkochende blaue Kartoffeln
300 g geschälte rohe Rote Bete
40 g Mehl
0,5 l Sahne
2 cl Noilly Prat
2 g Safran
40 g Butter
Gewürze, Rote Pfefferkörner und Kräuter

Zubereitung

Die geschälten Kartoffeln mit einem runden Ausstecher (d =3 cm) ausstechen und abwechselnd auf das vorgegarte und gewürzte Steinbuttfilet auflegen. Die Rote Bete in feine Streifen schneiden, mit einem Tuch trocken tupfen und in heißem Fett kross backen. Aus Mehl und Butter eine Verbindung herstellen und mit Sahne, Safran und Noilly Prat verrühren und zum Kochen bringen. Steinbuttfilet auf die abgeschmeckte Safransauce legen, das Rote-Bete-Stroh aufstreuen und mit Kräutern ausgarnieren.

RELEXA WALDHOTEL SCHATTEN

RELEXA WALDHOTEL SCHATTEN

MAGSTADTER STRASSE
70569 STUTTGART

TELEFON 07 11 – 6 86 70
TELEFAX 07 11 – 6 86 79 99

GEÖFFNET:
HOTEL UND RESTAURANT HABEN TÄGLICH GEÖFFNET, DAS „LA FENÊTRE" ÖFFNET AB 18.30 UHR, SONNTAG UND MONTAG RUHETAGE

Vor ein paar Jahrzehnten gingen deutsche Rennsportlegenden ein und aus im „Waldhotel Schatten". Wolfgang Graf Berghe von Trips oder Graham Hill trafen hier ein, um auf der benachbarten Rennstrecke Solitude um den Großen Preis von Deutschland zu fahren. Berühmt und berüchtigt ob ihrer Anforderungen ans fahrerische Können war die S-Kurve, die unmittelbar vor dem Haus vorüberführt. Als 1965 das Aus für die nicht mehr zeitgemäße Piste kam, diente die Straße wieder ausschließlich dem normalen Autoverkehr. Die Erinnerung an die große Zeit der Solitude jedoch, an schnittige Sportwagen und Formel-1-Flair, wird im „Waldhotel" noch immer aufrecht erhalten: Unzählige Fotos vermitteln im Foyer einen Blick zurück in eine aufregende Epoche. Tradition kann freilich auch das einstige „Wirtshaus zum Schatten" selbst vorweisen. Seine Geschichte begann im Jahr 1783, als der Württemberger Herzog Carl Eugen eine

Straße von Stuttgart nach Calw bauen ließ und die Errichtung einer Wirtschaft für Fuhrleute anordnete. Heute nun sind es eher die Ausflügler, die sich auf einer der schattigen Terrassen des „Waldhotels" niederlassen. Mehrfache Erweiterungen ließen das Haus zu einer ersten Adresse für Geschäftsleute, Erholungssuchende, Gesellschaften und Gourmets werden.

𝔖TUTTGART

Geschmorte Kaninchenkeule auf Lebkuchenlinsen und warmer Rotkrautsalat mit Kartoffelnocken

Zutaten für 4 Personen

4 Kaninchenkeulen
Thymian, Rosmarin, Olivenöl
Pfeffer aus der Mühle
Meersalz aus der Mühle
200 g rote Linsen, 100 g Sahne
10 g Lebkuchengewürz, Meersalz aus der Mühle, 1 EL Lavendelhonig
400 g Rotkraut, 80 g Brombeeressig
100 g Rotwein, Meersalz aus der Mühle, 1 Prise Rohrzucker
350 g mehlige Kartoffeln, 35 g Grieß, 2 Eigelb, Meersalz aus der Mühle, Pfeffer aus der Mühle, Muskatnuss

Zubereitung

Kaninchenkeule in der vorgeheizten Pfanne mit den Kräutern anbraten, würzen und bei 200 °C für ca. 12 Minuten im Ofen schmoren.
Rotkraut waschen, in feine Streifen schneiden, mit Brombeeressig marinieren und durchkneten. Würzen, mit Rotwein aufgießen und nach Belieben weich kochen.
Linsen im Wasser 10 Minuten kochen, abpassieren und mit Sahne nochmals aufkochen, abschmecken.
Kartoffeln schälen, kochen, grob zerkleinern und im heißen Rohr ausdämpfen lassen. Durch eine Kartoffelpresse drücken und mit allen Zutaten vermischen. Salzwasser zum Kochen bringen, Nocken ausstechen und im Wasser gar kochen. Anschließend aus dem Wasser nehmen und anrichten.

Neben dem gemütlichen Hotelrestaurant, wo schwäbische Spezialitäten und nachmittags hausgebackener Kuchen serviert werden, eröffnet sich den Feinschmeckern noch eine weitere Einkehrmöglichkeit. Im „La Fenêtre" praktiziert Küchenchef Philip Gäbelein eine moderne Form der Erlebnisgastronomie. Hier wird den Gästen keine Speisekarte vorgelegt, der Chef de Cuisine und begeisterte Kräuter-Fan erzählt am Tisch, welche Produkte besonders zu empfehlen sind. Saucen, Beilagen, Zubereitungsarten? Kalbsrücken mit Pfifferling-Kartoffelsoufflé oder Saint-Pierre in Ziegenmilch gegart? Im „La Fenêtre" existieren keine Standardgerichte, hier können die Gourmets ihre Wünsche äußern – und Philip Gäbelein anschließend beim Kochen hinter dem offenen Herd zuschauen. Weine werden ebenfalls persönlich empfohlen und auf das Essen abgestimmt, und zum guten Schluss verrät der Service gern, welche Spazierwege rund ums „Waldhotel" besonders zu empfehlen sind. Alles andere als Gastronomie von der Stange!
Die Rennstrecke „Solitude" übrigens soll bald wieder zum Leben erweckt werden. Nicht mehr für Rennen der Formel 1, doch den Stuttgarter Autosport-Mythos wollen seine vielen Fans mit Revival-Festen rund um das „relexa Waldhotel Schatten" bewahren.

Krehl's Linde

Krehl's Linde

Obere Waiblinger Strasse 113
70374 Stuttgart-Bad Cannstatt

Telefon 07 11 – 5 20 49 00
Telefax 07 11 - 52 04 90 13

Geöffnet:
12-14 und 18-24 Uhr, an Feiertagen geöffnet, Sonntag und Montag geschlossen.

Wo Stuttgart schon nicht mehr hektisch und großstädtisch ist, sondern langsam gemütlich und dörflich zu werden beginnt, da steht eines der schwäbischsten und einladensten Restaurants der Landeshauptstadt. Die „Linde“ am Rande Bad Cannstatts ist weniger ein Lokal für den eiligen Vorbeifahrenden als vielmehr eine Einkchrstätte für Genießer mit Muße. Und das schon seit dem Jahr 1875 – als Familie Krehl den Betrieb eröffnete.

So sind natürlich auch die Gasträume nicht nach dem neuesten, ach so flüchtigen Zeitgeist eingerichtet, sondern präsentieren sich mit gemütlichen Nischen, viel Holz, feinst eingedeckten Tischen und einem Kachelofen. Empfang und Bewirtung sind so herzlich, wie man es in vielen Restaurants im Stadtzentrum lang nicht mehr gewohnt ist – und die Küche setzt auf beste handwerkliche Traditionen.

Weil die vielen Stammgäste der „Linde“ Zeit haben, bestellen sie gern zunächst einen von Volker Krehls ideenreichen Aperitifs: hausangesetzten Quittenlikör oder Apfel- und Birnenmost, mit Schaumwein aufgefüllt. Und dann die Küche des Chefs, der hier seit fast zwei Jahrzehnten seine Gäste verwöhnt und schwäbische Traditionen, gute Produkte und Ideen miteinander kombiniert: sommerlich leichte Räucherlachs-Joghurtterrine, Zanderfilet auf Rahmsteinpilzen oder der gefüllte Ochsenschwanz haben ihre Liebhaber. Aber natürlich sind auch Flädlesuppe oder ein „Liebhaber-Rostbraten“ vom Hohenloher Weidemastrind, aus der Hochrippe geschnitten, im Angebot. Die passenden Weine gibt es glasweise ausgeschenkt, gleich dazu. Auch hier

bleibt die „Linde" sich selbst treu und ergänzt Trollinger, Lemberger oder Riesling aus dem „Ländle" mit französischen oder italienischen Raritäten: Birgit Krehl berät ihre Gäste mit charmanter Art und viel Fachwissen.

Aber das Restaurant ist ja nur der eine Teil des kulinarischen Unternehmens „Krehl's Linde". 20 komfortable und gemütliche Gästezimmer, trotz der verkehrsgünstigen Lage ausgesprochen ruhig, laden Geschäftsleute, Genießer und Stuttgart-Besucher ein. Es versteht sich von selbst, dass auch das Frühstücksbüfett hier aus dem normalen Rahmen fällt: Viele frische Früchte, hausgebackenes Brot und selbst angerührte Marmeladen gehören zum täglichen Angebot. Und wem auch dies sowie das vielfältige Catering- und Partyservice-Angebot der „Linde" nicht ausreicht, der braucht bloß die Straße zu wechseln. Dort hat Volker Krehl auch die ehrwürdige Speisegaststätte „Jägerhaus" unter seine Fittiche genommen. In einem denkmalgeschützten Jugendstilgebäude gibt es einfache, aber gute urschwäbische Küche und viel Platz für Festlichkeiten. Mitten in Stuttgart, aber beinah auf dem Land.

Räucherlachs-Joghurt-Terrine mit Forellenfilet, Kürbiskernölschmand und Salätchen

Zutaten für 4 Personen

300-400 g Räucherlachs
1 geräuchertes Forellenfilet
400 g Joghurt
600 g geschlagene Sahne
10 Blatt Gelatine
1 kleine Karotte
1 Stange Lauch
1 gelbe Zucchini

Zubereitung

Die Terrinenform mit Klarsichtfolie auslegen, andrücken. Karotte, Lauch, Zucchini in feine Brunoise (Würfel) schneiden, blanchieren, abschrecken, Terrinenform mit fein geschnittenen Räucherlachstranchen auslegen; kalt stellen.

Den Joghurt mit Gemüsebrunoise in einer Schüssel vermengen, abschmecken. Eingeweichte Gelatine mit Joghurt schmelzen und unter die Joghurtmasse rühren. Anschließen die geschlagene Sahne unterheben. Forellenfilet in 1-2 cm breite Streifen schneiden. Joghurt-Sahne-Masse zur Hälfte in die mit Lachs ausgelegte Terrinenform füllen und Forellenfilet mittig in die Terrine legen. Mit restlicher Masse bedecken. Mit Klarsichtfolie abdecken und ca. 12 Stunden gut durchkühlen lassen.

Für den Kürbiskernschmand 250 g Quark und 60 g Kürbiskernöl vermengen, mit Salz und Pfeffer abschmecken.

Weinmanufaktur Untertürkheim

Weinmanufaktur Untertürkheim

Strümpfelbacher Strasse 47
70327 Stuttgart

Telefon 07 11 – 3 36 38 10
Telefax 07 11 – 33 63 81 24

Geöffnet:
Montag - Freitag: 8.00 - 18.00 Uhr
durchgehend
Samstag: 9.00 - 13.00 Uhr

Gute Winzer beherrschen ihr Handwerk. Verstehen es, aus den geernteten Trauben einen besonderen Tropfen zu keltern und anschließend im Holzfass oder im Stahltank heranreifen zu lassen. So erscheint es irgendwie logisch, dass sich eine ambitionierte Genossenschaft den Namen „Weinmanufaktur" gibt – und schon auf den ersten Anschein das handwerkliche Können betont.
Und die Tradition natürlich auch. Die „Weingärntnergesellschaft Untertürkheim" wurde bereits im Jahr 1887 gegründet und ist damit wesentlich älter als die meisten anderen Genossenschaften im deutschsprachigen Raum. Damals schlossen sich 34 Weingärnter – wie die Winzer im Schwäbischen heißen – zusammen und bündelten damit ihre Fähigkeiten. Dazu kam das Potenzial der Untertürkheimer Reblagen, die vor den Toren Stuttgarts die Erzeugung ganz besonderer Weine erlaubten: Mönchberg oder Altenberg galten schon im Mittelalter als erstklassige Parzellen.
Und wenn der Besucher nach den Weinlagen den bemerkenswerten Weinkeller der nunmehr 70 Mitglieder zählenden Genossenschaft besichtigt, wird der Begriff Handwerk fassbar. Der Kreuzgewölbekeller aus dem Jahr 1902 ist mit den traditionellen großen Holzfässern und seit einiger Zeit auch mit den kleineren Barriques gefüllt. In diesen rund 225 Liter fassenden Gebinden lagern einige der mit drei Sternen ausgezeichneten Premiumweine der Manufaktur. Lemberger, Spätburgunder, Dornfelder oder die Rotwein-Cuvée „Mönch Berthold". Doch

auch beim gemeinhin als simpler Zechwein verschrieenen Trollinger beweisen die Untertürkheimer Weingenossen, was sie können. Gleich mehrere Varianten sind im Sortiment, schon häufig wurden sie beim Württemberger Trollinger-Wettbewerb für ihre Klasse geehrt.
In der gemütlichen Probierstube lassen sich natürlich auch die Weißweine des Hauses nach Herzenslust verkosten. Süffiger Müller-Thurgau, mineralischer Riesling oder barriquegereifter Grauburgunder. Raritäten wie der zart nach Muskat duftende Rotwein aus der Sorte Muskat-Trollinger, ein edelsüßer Riesling Eiswein oder die diversen Winzersekte (Kerner, Riesling, Pinot Rosé oder Traminer) ergänzen das eindrucksvolle Sortiment der „Weinmanufaktur“. Die Winzersekte werden natürlich im klassischen Champagnerverfahren hergestellt und weit länger gelagert als gesetzlich vorgeschrieben – bis zu 24 Monate.
Solche schäumenden Delikatessen, gleichermaßen von der Frucht, dem Charakter der Rebsorte und der langen Hefelagerung geprägt, eignen sich nicht nur als Aperitif. Das Team der „Weinmaufaktur“ empfiehlt den Kunden gern Kombinationen von Sekt und Speisen – aber natürlich auch die optimalen Verbindungen von „stillen“ Rot- und Weißweinen mit Schwäbischen oder internationalen Schwankerln. Ach ja, falls man Ihnen bei Ihrem Besuch der Genossenschaft einen Schillerwein anbietet, sollten Sie keinen Wein mit begleitendem Gedichtvortrag erwarten. Diese kuriose Mischung aus roten und weißen Trauben hat nichts mit Friedrich von Schiller, dafür viel mit der schillernden Farbe zu tun. Eine Württemberger Spezialität, die man probieren sollte.

RESTAURANT TOP AIR

FLUGHAFEN STUTTGART TERMINAL 1
70629 STUTTGART

TELEFON 07 11 – 9 48 21 37
TELEFAX 07 11 – 7 97 92 10

GEÖFFNET:
MONTAG BIS FREITAG 11.45 BIS 14.30 UHR SOWIE AB 17.45 UHR.
SAMSTAG UND SONNTAG RUHETAG

Für die Schwaben und die Gäste der baden-württembergischen Landeshauptstadt ist es längst kein Geheimnis mehr: Im Stuttgarter Airport befindet sich ein Spitzen-Restaurant mit ungewöhnlichem Ambiente. Das Gourmetlokal „restaurant top air" gehört zu den Besten der Region und ist das einzige Feinschmecker-Restaurant auf einem deutschen Flughafen, das – seit 1992 in Folge – einen Michelin-Stern trägt. Platziert inmitten des lebhaften und mondänen Flughafengeschehens, präsentiert es sich doch als eine abgeschirmte Oase des Genusses. Küchenchef Claudio Urru, gebürtiger Esslinger mit italienischen Wurzeln, kocht hier eine ebenso persönliche wie kreative Küche. Das Geheimnis der exzellenten Zubereitungen liegt in der absoluten Frische und Originalität der Ware – und selbstverständlich darin, diese unverfälscht und naturbelassen zu verarbeiten.

Crépinette vom Milchkalb mit Schwarzwurzel-Bries-Gratin und Périgord-Trüffel-Sauce, Saint-Pierre mit Pinienkern-Romana-Risotto oder Atlantik-Steinbutt auf Pulposchuppen gebraten mit Artischockencreme und Tomaten-Krustentier-Nage stehen beispielhaft für einen Stil, der nicht nur Fluggäste begeistert, sondern die Feinschmecker auch von weither anreisen lässt. Mittags serviert Claudio Urru einen dreigängigen Lunch für 36 Euro, abends lässt sich die Vielfalt à la carte oder drei-, fünf- oder siebengängig genießen – zu 52, 78 oder 94 Euro.

Restaurantleiter und Sommelier Ralf Pinzenscham ist ein Weinkenner par excellence, der zu jedem Gericht den passenden Tropfen empfiehlt. Nicht weniger als 300 speziell ausgesuchte Weine lagern unter idealen klimatischen Bedingungen im „restaurant top air".

Abgerundet werden derartige Gaumenfreuden durch einen herzlichen Service und die freie Sicht auf Start- und Landebahn sowie auf die Schwäbische Alb. In regelmäßigem Wechsel präsentieren zudem regionale und internationale Künstler ihre Bilder.

Und spätestens bei einer geeisten Lakritzcreme mit pochierter Williamsbirne oder einem Schokoladen-Pfefferminz-Soufflé als süßem Menüabschluss wird deutlich, warum sich die Fahrt zum Stuttgarter Flughafen immer wieder lohnt. Auch ohne Ticket.

Gänsestopfleber im Strudelblatt mit Périgord-Trüffel und glasierten Apfelspalten

Zutaten für 6 Personen

12 Blätter à 10x10 cm Strudelteig frisch oder gekauft
300 g frische Gänsestopfleber (als Ersatz eignet sich auch Entenleber)
80 g Geflügelfarce
6 kleine Cox-Orange-Äpfel
150 g Karamell
40 g Périgord-Trüffel
100 g kleiner gezupfter Salat (Feldsalat, Löwenzahn, Radicchio, Frisée)
2 Eigelb
2 EL Sahne

Zubereitung

Gänsestopfleber in 1 cm dicke Scheiben schneiden, mit Salz und Pfeffer würzen, leicht mit Mehl bestäuben und in Öl von beiden Seiten goldbraun anbraten.
Sechs Strudelblätter mit Farce bestreichen, die Gänsestopfleber daraufsetzen und mit Trüffelscheiben belegen.
Die restlichen Strudelblätter darauflegen, vorsichtig andrücken und mit der Eigelb-Sahne-Mischung bestreichen.
Die Äpfel waschen, schälen, gleichmäßige Spalten herausschneiden und mit dem Karamell langsam im Ofen glasieren.
Die Gänsestopfleber bei ca. 180 °C zehn Minuten goldgelb backen und mit den glasierten Apfelspalten sowie dem marinierten Salat anrichten.

Auf der Schwäbischen Alb

Noch vor hundert Jahren war die Schwäbische Alb, jener Höhenzug zwischen Schwäbisch Gmünd und Aalen im Nordosten sowie Sigmaringen und Albstadt im Südwesten, eine weitgehend arme, wenig erschlossene und von Landwirtschaft geprägte Region. Die am höchsten gelegenen Dörfer waren häufig nicht mal an die Wasserversorgung angeschlossen, in heißen Sommern mussten die Bauern mit ihrem

Vieh in die tiefer gelegenen Flusstäler ziehen, um nicht zu verdursten.
Dünn besiedelt ist die Alb noch immer, die Dörfer sind klein, die Gastwirtschaften urtümlich. Gerade dies und die einzigartige Natur der Alb aber haben sich herumgesprochen und die Region zu einem beliebten Ausflugs- und Urlaubsziel gemacht. Im Winter sind die Wintersportmöglichkeiten legendär, im Sommer begeistern die herrlichen Städtchen am Rande der Alb, von Herrenberg über Tübingen und Reutlingen bis Rottenburg, die zahllosen Wander- und Radfahrwege, die Burgruinen, Klöster, Schlösser und Museen, die unzähligen Wälder und Täler. Aber viele Kenner glauben, dass die Alb ihren größten Reiz im Herbst entfaltet. Wenn sich die Blätter der Bäume in unzähligen Braun- und Rot-Schattierungen verfärben und man die Ruhe einer der schönsten Gegenden Baden-Württembergs ohne jeden Rummel auskosten kann.
Dazu gehört natürlich auch die entsprechende Küche, darf die passenden flüssige Begleitung nicht fehlen. In der kleinen, charmanten Universitätsstadt Tübingen wird noch ein wenig Wein angebaut (und an Touristen oder durstige Studenten

Auf der Schwäbischen Alb

verkauft), doch hoch oben auf der Alb ist das Klima für den Rebanbau weniger geeignet. Dafür haben sich hier traditionsreiche Brauereien erhalten, die seit Jahrhunderten ihre speziellen schwäbischen Biere brauen und der Konkurrenz der großen Braukonzerne stand halten. Schwäbische Küche hat sich in ihrer eindrucksvollsten und reinsten Form wohl genau hier erhalten, und wer nach den alten Familienrezepten fahndet, wird am ehesten in Blaubeuren oder Münsingen fündig, in Urach oder Haigerloch. Sogar Spätzlepfade und Maultaschenwege hat man hier eingerichtet – und wer sie erwandert und in den verschiedenen Gasthöfen recherchiert, wird erkennen, wie vielfältig diese unverzichtbaren Teigwaren doch schmecken können!
Ob Gaisburger Marsch oder Krautspätzle, die sättigenden Käsespätzle – häufig mit einem großen Salatteller serviert – oder die beliebten Sauren Kutteln: Was früher sättigende Kost für hart arbeitende Albbauern war, ist längst zu einer kulinarischen Delikatesse geworden. So gibt es für die Maultaschen mindestens so viele Rezepte wie Köche in Schwaben. So hat jede Hausfrau ihre eigene Methode, Spätzleteig anzurühren oder die „Schwaben-Pasta" ins kochende Wasser zu schaben oder zu pressen. Gaisburger Marsch, eine üppige Suppe mit reichlich Einlage, das legendäre Linsengericht mit Saitenwürstchen, eingemachtes Kalbfleisch oder Zwiebelrostbraten sind weitere jener typisch schwäbischen Schmankerln, wie man sie nirgendwo besser genießen kann als auf der Schwäbischen Alb.

Gasthaus Hirsch

Gasthaus Hirsch

Ziegelstrasse 32
71063 Sindelfingen

Telefon 0 70 31 - 80 90 06
Telefax 0 70 31 - 80 53 32

Geöffnet: 11.30-14 Uhr und
17.30-23.30 Uhr, Montag Ruhetag

Der Name Giffhorn macht schon ein wenig stutzig. Heißt nicht so ähnlich ein Ort in der Lüneburger Heide, ziemlich weit oben in Deutschland? Richtig! Tatsächlich stammt Claus-Peter Giffhorn, der Inhaber des „Hirschen", aus dem Norden, aus der Nähe des fast gleichnamigen Städtchens Gifhorn. Nach einer Kochausbildung und Wanderjahren quer durch Deutschland verschlug es ihn ins schwäbische Sindelfingen, wo er 1987 das traditionsreiche, 300 Jahre alte Gasthaus übernahm – die älteste Wirtschaft des Ortes.

Zusammen mit seiner Frau Monika machte Claus-Peter Giffhorn aus dem prächtigen Gebäude im Zentrum Sindelfingens wieder eine Adresse für Kenner. Nachbarn und Touristen kommen heute ebenso gerne in den „Hirschen" wie Prominente. So gehört Ex-Außenminister Hans-Dietrich Genscher zu den Liebhabern der geschmackvoll-bürgerlichen Gasträume, des beinah familiären Service und der ideenreichen Frischeküche, die freilich nicht dem Zeitgeist hinterherläuft.

Fisch und hausgemachte Terrinen gehören ebenso zum Repertoire der Küche wie Wild. Den Hirsch, natürlich, den gibt es hier in vielen Varianten, sobald es die Saison erlaubt. Mit den schwäbischen Traditions-

gerichten kennt sich Claus-Peter Giffhorn ebenfalls aus. Gaisburger Marsch oder Maultaschen bekommen eilige Mittagsgäste in ebenso originalgetreuer Zubereitung wie Krautspätzle, Kutteln oder das echte schwäbische Linsengericht. Für kleinere und größere Gesellschaften machen die Giffhorns gern individuelle Menü- oder Buffetvorschläge – Platz für Familien- oder Firmenfeiern ist im ehrwürdigen „Hirschen" schließlich reichlich.
Und manchmal entdeckt man auf der Speisekarte doch noch den einen oder anderen Anklang an die Heimat des Patrons. Eine norddeutsche Hochzeitssuppe oder der Grünkohl sind alles andere als typisch schwäbisch – gegessen werden sie von den Sindelfingern dennoch gern!

Sindelfingen

Hirschkotelett mit gefülltem Wirsingköpfchen und Kartoffelroulade

Zutaten für 4 Personen

Fleisch

Hirschcarréstück, pro Person 200 g, von Sehnen befreien, Rippenknochen freilegen und ausputzen und zu Koteletts schneiden. In Öl mit Rosmarinzweig anbraten und bei halber Hitze 15 bis 20 Minuten ziehen lassen.
Für die Sauce Bratensatz mit Wildfond und weißem Portwein und Wacholder verkochen. Mit Crème fraîche zur Sauce reduzieren lassen und passieren.

Wirsingköpfchen

1 Wirsingkopf, 1/2 Zwiebel, 50 g Räucherspeck in Würfeln
Den Kohlkopf putzen. Die äußeren Blätter in Salzwasser kochen und dann in Eiswasser abschrecken. Den inneren Wirsing ohne Strunk in feine Streifen schneiden. Speck und Zwiebel angehen lassen, Wirsingstreifen dazugeben, mit 1 dl Brühe ablöschen und andünsten. 2 dl flüssige Sahne nachgießen, gar kochen, abschrecken und mit Mehlbutter abbinden.
Jetzt das Wirsingragout in die Blätter füllen, zudrücken und kurz im Ofen schmoren. Eventuell etwas Brühe angießen.

Kartoffelroulade

500 g gekochte gepellte Kartoffeln vom Vortag, 500 g Mehl, 20 g Butter, 2 Eigelb, Salz, Pfeffer, Muskat
Kartoffel durchpressen und mit den übrigen Zutaten zu einem Teig verarbeiten, ruhen lassen. Dann den Teig zwischen zwei Folien zu einer Platte ausrollen. Nach Geschmack füllen und mit Pilzen, Spinat oder Lauch zu einer Roulade zusammenrollen. Kalt stellen und bei Bedarf in Scheiben schneiden, in der Pfanne leicht anbraten.

Wolfi's Rotisserie

Wolfi's Rotisserie – Hotel Knote

Vaihinger Strasse 14
71063 Sindelfingen

Telefon 0 70 31 – 61 10
Telefax 0 70 31 – 61 12 22

Bei seinen Stammgästen hat Wolfgang Knote längst den Spitznamen weg. „Wolfi", fragen seine Kunden mittags und abends, nachdem sie in dem sympathischen Sindelfinger Restaurant eingetroffen sind, „was gibt es denn heute Leckeres?". Klar, dass dem charismatischen Küchenchef da immer einiges einfällt und dass er es natürlich den hungrigen „Rotisserie"-Besuchern selbst mitteilt. Ein Job in der Küche, allein am Herd und fernab der Gäste, wäre wohl gar nichts für den kommunikationsfreudigen gebürtigen Thüringer, der in dem schwäbischen Städtchen längst eine zweite Heimat gefunden hat. Also hat Wolfgang Knote vor nunmehr 23 Jahren zusammen mit seiner Frau Ingrid die „Rotisserie" speziell nach seinen Vorstellungen einrichten lassen und in der Mitte des gemütlichen Gastraumes eine Kombination aus Theke und Kochplatz geschaffen.

Und genau hier begrüßt Wolfi seine langjährigen und treuen Gäste, deren Namen an ihrem Thekenstammplatz eingraviert sind, hier erzählt er, was heute besonders zu empfehlen ist – und genau hier kann man unkompliziert mit dem Patron einen Aperitif trinken und anschließend an einem der elegant eingedeckten Tische Platz nehmen. Natürlich lässt sich auch gleich an der Theke speisen, eine treffliche Gelegenheit, um Wolfi Knote beim Kochen zuzuschauen. Vor aller Augen zaubert der Meister dann all jene Spezialitäten, die das Restaurant weit über den Ort hinaus berühmt gemacht haben. Rindfleisch aus behüteter Aufzucht natürlich, vielleicht als Pfeffersteak kurz gebraten. Oder des Meisters legendäre Bouillabaisse aus knapp gegarten und taufrischen Edelfischfilets, die Knote vor aller Augen mit viel Erfahrung und Routine zubereitet. In der Pilzsaison im Herbst lässt Knote natürlich Pfifferlinge, Maronen und Steinpilze anliefern, im November steht Gänsebraten mit Thüringer Klößen auf dem Speisenprogramm, und im Frühjahr erfindet der Koch aus Leidenschaft allerlei Spannendes aus Schalen- und Krustentieren.

Dass „Wolfi's Rotisserie" zu beinah jeder Tageszeit und sommers wie winters die richtige Adresse ist, egal ob zum schnellen Lunch oder zum festlichen Abendessen, beweisen auch brasilianische Nächte auf der wunderschönen Terrasse mit kulinarischen Spezialitäten, Cocktails und Live-Musik, österreichische Spezialitätenabende oder die Kochkurse unter persönlicher Leitung des Patrons. „Wolfi's Partyservice" bringt alle Herdkunstwerke auch gern im Umkreis Sindelfingens bei den Gästen vorbei – doch einen Besuch in der „Rotisserie" kann man durch nichts ersetzen. „Bei uns kommt der Gast nach Hause", erzählt Wolfi Knote. Und das Schönste ist: Er hat Recht.

Wolfi's Bouillabaisse

Zutaten für 4 Personen

Entgrätete Fischfilets (kanadischer Wildlachs, Seeteufel, pro Person eine Riesengarnele, ausgenommen und entdarmt, Schollenfilet, Seelachsfilet)
1 Karotte
1 Stück Lauch
Frühlingszwiebeln
4 Knoblauchzehen
etwas Olivenöl zum Anraten
1 kleine Dose geschälte Tomaten
Harissa (scharfe nordafrikanische Würzpaste)
Fischfond
Salz
Pfeffer

Zubereitung

Karotte und Lauch schälen, in Öl andünsten. Portionierte Fischfilets dazugeben, mit Fischfond und den gehackten Tomaten ablöschen, mit Harissa, Salz und Pfeffer würzen. Deckel darauflegen und einmal aufwallen lassen.

Landhaus Feckl

Platz hat Franz Feckl im neuen Domizil genügend. Ein großzügiges Restaurant mit viel Holz, Kachelofen, feinstem Geschirr und einem faszinierenden Blick ins Grüne steht zur Verfügung. Dazu geschmackvoll eingerichtete Räume für kleine, exklusive Gesellschaften und größere Festlichkeiten sowie eine Küche, nach der sich jeder Kenner sehnen würde. Alles ist anders im „Landhaus Feckl" in Ehningen als zuvor auf Schloss Höfingen in Leonberg. Dort erkochte sich der junge Feckl Ruhm, Ehre und die Zuneigung seiner Gäste. Doch obwohl das Schloss Charme hatte – arbeiten lässt sich im neu erbauten Landhaus nun entspannter. Und die 21 komfortablen Hotelzimmer machen unbeschwerten Weingenuss möglich.

Manuela und Franz Feckl bieten ihren Stammgästen und neugierigen Gourmets auch in Ehningen, am Rande des Wanderparadieses Naturpark Schönbuch, eine Küche mit Ideen und besten Produkten. Mögen frische Steinplilze auch teuer sein, Trüffel beinah unbezahlbar und frischester Steinbutt nicht jeden Tag zu bekommen – an der Güte der Ingredienzien wird bei Feckls nie gespart. Modischen Trends läuft hier ohnehin niemand hinterher, denn was sollte man bei einem Ochsenschwanz in Lembergersauce denn auch besser machen? Dieser Klassiker der Fecklschen Küche verdankt seinen Geschmacksreichtum der unerhört aromatischen Sauce, dem butterzarten Fleisch und den köstlichen hausgemachten Spätzle. Manche Feinschmecker kommen nur wegen der Kalbskopfvariation, andere bestellen schon zu Beginn des Essens voller Erwartungen eine so aufwändige Süßspeise wie die Variation von Schokolade und Walderdbeeren.

Landhaus Feckl

Keltenweg 1
71139 Ehningen

Telefon 0 70 34 – 2 37 70
Telefax 0 70 34 – 2 37 72 77

Geöffnet:
Küche von 12 bis 14 und von 18 bis 22 Uhr, Sonn- und Feiertag geschlossen.

Natürlich erscheint, nach einem Feuerwerk an Kreationen, begleitet von Württemberger Lemberger oder reifem Bordeaux, der Patron persönlich am Tisch. Die Frage, ob alles geschmeckt habe, beantworten die Besucher satt und glücklich - und beweisen es, indem sie bald wieder einen Tisch im Gourmet-restaurant „Landhaus Feckl" reservieren.

Variation von Schokolade und Grand Marnier mit marinierten Walderdbeeren

Für die Creme: 50 g Zartbitter-Kuvertüre, 20 g Nougat, 20 g Vollmilchkuvertüre, zusammen schmelzen lassen, 120 g Crème double, 10 g Läuterzucker, 2 Eiweiß, 20 g Zucker, Crème double und Zucker cremig, Eiweiß und Zucker steif schlagen.
Crème double mit Eiweiß mischen, Schale von 1/2 Orange und 2 EL Grand Marnier zugeben, Kuvertüre unterheben.
Schichtweise mit Schokoladenplättchen in Schokoladentütchen füllen.

Für das Schokoladensoufflé: 150 ml Milch, 10 g Stärke, 15 g Mehl, 20 g Butter, 5 g Kakao verrühren, unter ständigem Rühren aufkochen, in eine Schüssel geben. 25 g Kuvertüre, 3 Eigelb, Zesten von 1/2 Orange, 2 EL Grand Marnier, 3 Eiweiß
60 g Zucker, Kuvertüre zugeben, leicht abkühlen lassen, Eigelb, Likör und Orangenzesten zugeben, Eiweiß und Zucker steif schlagen, zur Masse geben und in gebutterte und gezuckerte Formen geben. Bei 200 °C ca. 12 Minuten im Wasserbad backen.

Für das weiße Schokoladeneis: 125 ml Sahne, 125 ml Milch, 20 g Zucker, 3 Eigelb, zur Rose abziehen, 75 g weiße Kuvertüre, 2 EL Grand Marnier zugeben, in Eiswasser auskühlen lassen, dann in der Eismaschine gefrieren.

Für die Schokoladen-Crème-brûlée: 50 ml Milch, 150 ml Sahne, 20 g Zucker, 1/4 Vanillestange, aufkochen, 3 Eigelb verrühren, mit der kochenden Sahne mischen.
30 g Bitterkuvertüre, Schale von 1/2 Orange, 2 EL Grand Marnier zugeben, alles passieren, etwas stocken lassen und in Löffel füllen. Im Wasserbad bei 100°C ca. 12 Minuten stocken lassen. Etwas auskühlen lassen, mit gemahlenem braunen Zucker und Puderzucker bestreuen, mit einem Bunsenbrenner abflämmen.

Für den Grand-Marnier-Schaum: 2 Eigelb, 30 ml Weißwein, 40 ml Sekt 20 ml Grand Marnier, 40 g Zucker, Schale einer Orange, 30 ml Orangensaft, zur Rose aufschlagen
1 Blatt weiche Gelatine zugeben und kalt stellen. Kurz vor dem Stocken 50 g geschlagene Sahne unterheben.

Anrichten mit Schokozigarren, mit Grand-Marnier-Canache gefüllt, sowie mit Walderdbeerensauce.

Hotel-Gasthof Hasen

Hotel-Gasthof Hasen

Hasenplatz 6
71083 Herrenberg

Telefon 0 70 32 – 20 40
Telefax 0 70 32 – 20 41 00

Öffnungszeiten:
Täglich von 06.30 Uhr bis 24.00 Uhr
Ruhetag: keiner
Geschlossen nur am 24.12.

Von wem stammt eigentlich die Aussage, dass die Schwaben nur Trollinger trinken und Maultaschen essen? Wer auch immer es war, er hatte Unrecht. Die Bewohner aus der Region Stuttgart und der Schwäbischen Alb mögen auch gerne Raclette, alle Arten von Fondues und Risotto, dazu einen Tessiner Merlot im Poccalino-Krüglein. Das berichtet jedenfalls Herr Nölly vom Hotel Gasthof Hasen in Herrenberg.
Im „Hasen", dem traditionsreichen Gasthof im Herzen Herrenbergs, wird Dienstleistung groß geschrieben, denn von 11 bis 23 Uhr bietet man den Gästen eine kleine Karte mit einfachen, schmackhaften Gerichten. In der vielfältigen „großen" Speisekarte gibt es viele vegetarische und Fisch-Gerichte, dazu auch echte „Röschti" mit Zürcher Geschnetzeltem. Was keine kurzfristige Mode ist, sondern die Herkunft von Patron Roland Nölly bedeutet. Der wuchs in der Eidgenossenschaft auf, lernte von der Pike auf den Kochberuf, absolvierte die Hotelfachschule Lausanne und übernahm nach manchen Weiterbildungsstationen in ganz Europa mit seiner Frau Barbara den „Hotel Gasthof Hasen". Einen Betrieb, dessen Geschichte mindestens bis ins Jahr 1620 zurückreicht - „Hans Hasens Wirtshaus" nannte sich der Gasthof damals und galt über Jahrhunderte bis heute als eine der ersten Adressen Herrenbergs.
Nach einem Spaziergang durch den wunderschönen mittelalterlichen Stadtkern lassen sich natürlich auch die geschmackvoll eingerichteten Zimmer und Suiten (mit Wasserbetten!) des renovierten „Hasens" genießen. Genügend eigene Parkplätze und eine Tiefgarage gehören zum Anwesen, was natürlich auch für große Bankette und Tagungen interessant ist.
Eine wechselnde saisonale Monatskarte, kulinarische Lesungen mit der Bücherei, musikalische Büffets und originelle Aktionen finden sich in einem Jahreskalender wieder.
Nicht zu vergessen die Zusammenarbeit mit Landwirten wie dem Züchter von Limousin-Rindern Gerd Böttinger. Viele Punkte also, die für Qualität und ein gutes Preis-Leistungs-Verhältnis sprechen! Neben den Württemberger Trollingern, Lembergern und Rieslingen findet in der internationalen Weinkarte auch eidgenössischer Weiß- und Rotwein seinen Platz.
Barbara Nölly, eine gebürtige Schwäbin aus Hochdorf, sorgt dafür, dass im Service alles rund läuft und sich Wochenendurlauber im „Hasen" ebenso zu Hause fühlen wie Tagungsgäste oder Geschäftsleute. Die Chefin empfiehlt gern die schönsten Wanderwege durch den nahen Naturpark Schönbuch, die besten Einkaufsmöglichkeiten auf dem Herrenberger Wochenmarkt und die sehenswertesten Fachwerkgebäude des Ortes. Bis zur hübschen Universitätsstadt Tübingen sind es nur wenige Kilometer, und auch die Landeshauptstadt Stuttgart ist nah. Ach ja, wenn der Sommer naht, dann sitzen Schwaben und Zugereiste gemeinsam am liebsten im großen Biergarten des „Hasens"

auf schönen Holzstühlen, erfreuen sich am alten Kastanienbaum und genießen ein frisches, kühl gezapftes Bier aus der Familienbrauerei Hochdorf. Zu essen gibt es natürlich die gleiche Karte wie im Restaurant – und bis Mitternacht darf man die lauen Nächte in einer der schönsten Städte Schwabens auskosten.

PANGASIUSFILET GLARNER ART

Zutaten für 4 Personen

720 g Pangasiusfilet
120 g Margarine
4 dl Sojaöl
40 g Mehl, Type 405
Fischgewürzmischung
80 g Kräuterbund, gemischt
20 g Schabziger Stöckli
480 g Gemüsegarnitur
120 g Butter
600 g Kartoffeln
160 g Zwiebeln

Zubereitung

Die Kartoffeln kochen, das Fischfilet sauber parieren, eventuell entgräten und kühl stellen. Anschließend die Gemüsegarnitur vorbereiten.
Den Fisch würzen und mehlieren.
Margarine und Öl zergehen lassen und den Fisch goldfarben ausbraten, gleichzeitig das Gemüse erhitzen.
Zwiebeln in Butter glasig dünsten, Schabziger darüber reiben und über den Fisch gießen.
Mit den frisch gehackten Kräutern servieren, die Beilage extra servieren.

Der Feinschmecker in der Kelter

Der Feinschmecker in der Kelter

Schmiedtorstrasse 17
72070 Tübingen

Telefon 0 70 71 – 25 46 90

Geöffnet
Montag bis Freitag 9.30-23 Uhr,
Samstag 9.30-16 Uhr, Sonntag
Ruhetag.

Tübingen, ein Weinort? Überregional ist die Stadt südlich von Stuttgart eher für seine kleine, feine Universität als für berühmte Weinlagen bekannt. Doch tatsächlich hat der Rebanbau in Tübingen eine Jahrhunderte alte Tradition. Das späte Mittelalter war eine Blütezeit für die Tübinger Weinerzeugung, die Hänge um den Ort herum waren dicht mit weißen und roten Reben bepflanzt, und in der Unterstadt entstanden mehrere Keltern.

Eines dieser Keltergebäude wurde im Jahr 2000 mit hohem Aufwand zu einem eindrucksvollen gastronomischen Ensemble umgestaltet. Unter einem Dach und alten Balken entstand eine Kombination von Weinhandlung, Delikatessengeschäft, Cocktailbar (bis 2 Uhr nachts geöffnet) und Restaurant. Hier kann man auch einen der heute raren Tübinger Weine kaufen, denn die Weinerzeugung hat sich im hiesigen Klima längst als kaum wirtschaftlich erwiesen. Probierenswert sind die wenigen noch hergestellten Wein-Raritäten aber in jedem Fall!

Gleiches gilt übrigens für die Küche des „Feinschmeckers in der Kelter". In dem unkomplizierten Restaurant mit angegliedertem Café kann man schon am frühen Morgen Milchkaffee und Latte Macchiato genießen, am Mittag die wohlschmeckenden Kleinigkeiten und Tagesgerichte kosten oder abends die ideenreiche Frischeküche des Chefs de Cuisine genießen. Der heißt Thorsten Brinkmann, hat vorher in renommierten Restaurants gekocht und schätzt in der „Kelter" den direkten Kontakt mit dem Gast. Die Küche nämlich ist für den Feinschmecker einsehbar, falls der nicht gerade einen Platz auf der Empore reserviert hat. Ob frische Pasta oder eine Jungtaube auf Bohnenragout, ob köstlicher Rohmilchkäse oder Zimtcreme mit Rotweinbirne – im „Feinschmecker" geht die Küche mit den Jahreszeiten und legt eine kleine, feine und häufig wechselnde Karte vor. Dazu passen

die glasweise servierten Weine von Württemberger Spitzenwinzern, Franzosen oder Italienern. Und wem das Flaschenangebot nicht ausreicht, der braucht schließlich nur ein paar Schritte, um vor den prall gefüllten Regalen der Weinhandlung in der „Kelter" zu stehen!
Kein Wunder, dass sich der Charme eines solchen Ambientes auch bei Feierwilligen herumgesprochen hat. An Samstagen ist ohne rechtzeitige Vorbestellung häufig kein Tisch mehr zu bekommen. Und wenn wieder mal eines der „Kelter"-Konzerte stattfindet, begleitet von den auf die Musik abgestimmten Speisen, trifft sich halb Tübingen in einem der schönsten Gebäude des Ortes!

Lamm-Aprikosenspiesse mit Bohnenpüree und Marsala-reduktion

Aprikosen und Bohnen über Nacht in Wasser einweichen.

Lammrücken in Würfel schneiden, mit Olivenöl, Knoblauch, Chili, Ingwer und Sojasauce marinieren.

Die eingeweichten Aprikosen und die marinierten Lammwürfel abwechselnd auf ein Hölzchen aufspießen.

Bohnen mit Zwiebeln in Sahne und Lammfond weich kochen.

Den Sud einreduzieren lassen, mit Cumin und Salz abschmecken.

Die Bohnen mit dem Sud aufpürieren und mit Sprudelwasser und Butter cremig rühren.

Die Spieße anbraten und im Ofen warm stellen, mit Marsala ablöschen und Bratenfond angießen; einreduzieren lassen und abschmecken.

Bohnenpüree in der Mitte des Tellers anrichten, zwei Spieße anlegen und mit Marsalareduktion nappieren. Glatte Petersilie als Deko.

Hotel Convita und Restaurant Remus

Hotel Convita

Röntgenstrasse 38
72108 Rottenburg am Neckar

Telefon 0 74 72 – 92 90
Telefax 0 74 72 – 92 98 88

Geöffnet:
Montag bis Freitag: 12-14 Uhr und 18-22 Uhr, Samstag: 18-22 Uhr, Sonntag: 10.30-14.30 Uhr

Ein kulinarisches Erlebnis beginnt nicht erst beim Abendessen. Rundumversorgung vom Frühstück bis spät in die Nacht ist das Motto eines jeden ambitioniertes Hauses. Doch nicht überall gelingt das so gut wie im Hotel „Convita“, dort, wo schon Jordaniens Kronprinz einige Tage verbrachte. Das moderne Hotel, im Jahre 1997 erbaut, befindet sich am Rande des sehenswerten Neckarstädtchens Rottenburg, von der Autobahn aus schnellstens erreichbar. Dass moderne Gastronomie nicht gesichtslos sein muss, auch wenn sie sich nicht auf eine mehrhundertjährige Tradition stützt, beweist das Restaurant „Remus“ eindrucksvoll. Allein das Frühstücksbüfett, wie es in der Mitte des eleganten Raumes aufgebaut wird, sorgt für einen ersten kulinarischen Höhepunkt des Tages. Doch mitnichten für den letzten, denn in dem mit manchen Nischen ausgestatteten Lokal mit Wintergartenflair und Terrasse zeichnet ein renommierter Küchenchef verantwortlich. Peter Feiler war einst Sous-Chef im legendären „Erbprinz“ zu Ettlingen und lernte an mehreren anderen Stationen die große und die verfeinerte schwäbische Küche kennen. Eine Erfahrung, aus der Feiler auch hier in Rottenburg schöpfen kann – für Tagungsgäste, königliche Hoheiten oder Gourmets der weiten Umgebung.
Im „Convita“ legt er mittags eine spezielle Karte vor, die ebenso wie die umfangreichere Abendkarte häufig wechselt. Saisonale Spezialitäten bestimmen stets das Angebot, Wild im Herbst, heimischer Spargel im

Frühjahr, zu jeder Jahreszeit natürlich frische Salate und vegetarische Kreationen. Abends lässt Feiler Rehrücken oder Hirschfilet, Gänsebraten und Seeteufel auftragen, dazu immer auch – anlässlich der vielen kulinarischen Aktionen - Schmackhaftes aus aller Welt. Ob es ein Dinner-Buffet unter dem Motto „Schweiz" oder „Asia" sein soll, ein kulinarisches Stegreif-Spektakel unter dem Titel „Theatersport" oder die „Geschichten von dahoim" – im „Remus" wird den Gästen immer etwas Besonderes geboten. Jeden Sonntag beispielsweise der Brunch, beliebt bei den Rottenburger Genießern ist auch das „Candlelight-Dinner". Dazu die passenden Weine, im Offenausschank aus der 0,75-Liter-Flasche serviert. Die perfekte Kombination von Speisen und heimischen, französischen oder italienischen Rebensäften ist eine von vielen kulinarischen Künsten, auf die sich das Team des „Convita" versteht.

Rehrücken im Waldpilzmantel an Holunderbeerensauce auf Rahmwirsing und getrüffelter Kartoffelroulade

Zutaten

2 kg Rehrücken, 20 g Butterschmalz, 250 g Waldpilze, 50 g Sahne, Gewürze (Salz, Pfeffer, Pastetengewürz), etwas Weinbrand, 50 g Schweinenetz

Für die Sauce: 20 g Bratfett, 100 g Röstgemüse, 20 g Tomatenmark, 500 ml Lemberger-Rotwein, Rosmarin, Wacholderbeeren, Pfefferkörner, Lorbeerblatt, 40 g Holunderbeerenkonfitüre

Zubereitung

Den Rehrücken ausbeinen, die Rückenstränge von Sehnen befreien, mit Salz und Pfeffer würzen und scharf, aber nur ganz kurz anbraten. Aus Rehfleisch und Sahne eine Farce zubereiten und mit Pastetengewürz, Salz und Pfeffer sowie Weinbrand abschmecken.
Die Waldpilze in der Pfanne anbraten, würzen, erkalten lassen und kleinhacken. Die Farce mit den Pilzen mischen und auf das Schweinenetz streichen. Den Rehrücken in die Mitte geben und zu einer Rolle formen. Das Schweinenetz dient nur dazu, die Rolle zusammenzuhalten und löst sich beim Braten nahezu auf. Der Rehrücken benötigt bei 175 °C etwa 14-17 Minuten.
Für die Sauce die Knochen kräftig anbraten, das Gemüse dazugeben und mitrösten. Danach Tomatenmark zugeben und erneut rösten. Anschließend mit Rotwein ablöschen und einkochen lassen. Gewürze zufügen und 1-2 Stunden köcheln lassen, schließlich passieren und mit Holunderkonfitüre abschmecken. Dazu passen Rahmwirsing, getrüffelte Kartoffelroulade und gefüllte Holunderbirne.

Gasthaus Schwanen

Den Schwanen gibt es gleich als Paar: In Anspielung auf die griechische Mythologie einmal ehrwürdig und historisch, einmal modern und elegant. Und das passt prima zusammen!
Beide Teile übrigens stehen in der historischen Unterstadt von Haigerloch, in einem der schönsten Talkessel der Schwäbischen Alb. Im älteren Teil des „Schwanen“ übernachteten bereits im 17. Jahrhundert Reisende, 1992 wurde das Haus am Haigerlocher Marktplatz aufwändig und stilvoll restauriert. So schön wie heute dürfte es sich allerdings in der langen Geschichte des Gasthofes noch nie präsentiert haben. Der Steinfußboden des Restaurants verströmt mediterranen Charme, die Gewölbedecke, die Vorhänge, die mit Kerzen versehenen und edel eingedeckten Tische – jedes Detail verrät die Leidenschaft der Betreiber und den Geschmack des Innenarchitekten. Übrigens auch die gemütlichen Zimmer in den oberen Stockwerken, mit denen allenfalls jene des Gästehauses „Leda“ auf der anderen Seite des Marktplatzes konkurrieren könnten.
In dieser modernen „Schwanen“-Dependance mit Café-Bistro wurden die Zimmer und Suiten individuell und außergewöhnlich großzügig gebaut und geradezu luxuriös eingerichtet. Der Blick auf die leise vorüberfließende Eyach gehört ebenso zu den Attraktionen wie das auswahlreiche Frühstücksbuffet oder der persönliche Service.
Zum Essen freilich muss man wieder die Straßenseite wechseln, denn gekocht wird im „Schwanen“, im Sommer auch auf der herrlichen Terrasse dahinter. Der Niederländer Chris Groen ist verantwortlich für die Küche, der Spanier Pablo Gonzalez begrüßt die Gäste und berät bei Speis und Trank. Edle Weine aus Baden,

Gasthaus Schwanen

Marktplatz 5
72401 Haigerloch

Telefon 0 74 74 – 9 54 60
Telefax 0 74 74 – 95 46 10

Geöffnet:
Hotel durchgehend, Restaurant von Mittwoch bis Sonntag
Das Café-Bistro öffnet Montag und Dienstag, Freitag bis Sonntag gibt es Kaffee und Kuchen

Württemberg, Frankreich oder von der iberischen Halbinsel lagern im niedrigen Gewölbekeller, der den Gästen auf Wunsch gern gezeigt wird. Außergewöhnliche Flaschen darf man zu fairen Preisen mit nach Hause nehmen, ebenso die hausgemachte Muskatkürbiskonfitüre, das Traubengelee oder die wunderbaren Schokoladentrüffel.
Womit wir endgültig beim Thema Essen wären. Kreativität, beste Produkte und Ehrlichkeit sind die Grundpfeiler der „Schwanen"-Küche. Für das Potpourri von Kaninchen, Taube und Wachtel mit Trüffeljus, den Hirschrücken mit Wirsinggratin oder den Weinbergpfirsich mit Champagnersabayon kommen die Gäste auch von Stuttgart oder vom Bodensee. Die Heimfahrt nach ausgiebigem Mahl kann man ja, dank der bemerkenswerten Übernachtungsmöglichkeiten, auf den nächsten Tag verschieben.

Medaillon vom heimischen Kalb im Graupenrisotto-Mantel

Zutaten für 2 Personen

240 g Kalbsfilet, 100 g Graupen, 3 EL Martini Extra dry, 5 EL Weißwein, 100 ml Hühnerfond, Salz, 1 Schalotte, 1 Knoblauchzehe, 20 g Butter, 4 EL geriebener Parmesan, 2 Wan-Tan-Blätter 24 x 24, 1 Lorbeerblatt

Zubereitung

Die Graupen ca. 1 Stunde ins Wasser legen und dann abtropfen lassen.
Die Knoblauchzehe und die vorher kleingeschnittene Schalotte bei mittlerer Hitze in einem Topf mit 2 EL Olivenöl anschwitzen. Dann die Graupen unter ständigem Rühren hineingeben. Zusätzlich noch ein Lorbeerblatt und eine Prise Salz zugeben. Mit Martini, Weißwein und Hühnerfond ablöschen. Mit einem Deckel abdecken und ab und zu umrühren.
Das Kalbsfilet in zwei gleich große Hälften schneiden und mit etwas Salz und Pfeffer würzen. In der vorgeheizten Pfanne das mehlierte Filet kurz auf beiden Seiten scharf anbraten und wieder herausnehmen.
Nochmals das Graupenrisotto aufkochen und mit Butter sowie Parmesan langsam einkochen lassen – so lange, bis es dickflüssig wird.
Jetzt die Wan-Tan-Blätter mit dem Risotto etwa 5 mm hoch und 8 cm breit kreisförmig bestreichen. Das Kalbsfilet darauflegen und nochmals mit dem Risotto ca. 5 mm dick bestreichen. Den Rest des Teiges mit Eiweiß bestreichen und das Kalbsfilet darin einwickeln. Dann das Kalbsfilet in einer vorgeheizten Pfanne kross anbraten und weitere 9 bis 10 Minuten in den auf 160 Grad vorgeheizten Ofen geben.
Zu guter Letzt nochmals 2 Minuten in Nussbutter mit frischen Kräutern anbraten und servieren.

Gastschloss Haigerloch

Barocke Kirchen, malerische Fachwerkhäuser, herrliche Wanderwege – das Felsenstädtchen Haigerloch gehört zu den Schmuckstücken der Schwäbischen Alb. Mit seinem imposanten „Römerturm“, einem ehemaligen Bergfried, und dem eindrucksvollen Schloss sind freilich die Attraktionen noch lange nicht vollständig aufgezählt. Auf halbem Wege zwischen Stuttgart und Konstanz, über die Autobahn rasch zu erreichen, drängen sich die Haigerlocher Sehenswürdigkeiten auf engstem Raum. Wie das berühmte Atomkeller-Museum in einem alten Bierkeller, wo während der letzten Kriegsmonate 1945 unter strengster Geheimhaltung an der Atomspaltung gearbeitet wurde. Legendär ist die Fliederblüte Haigerlochs im Frühjahr, weit über Schwaben hinaus bekannt wurden die Konzerte in der Schlosskirche.

Das Schloss, unübersehbarer Mittelpunkt Haigerlochs, ist Ausgangspunkt für Spaziergänge durchs mal zauberhaft blühende, mal winterlich verschneite Städtchen. Mit viel Engagement wurde der seit dem 12. Jahrhundert erbaute Adelskomplex zu einem wahrlich gastlichen Schloss ausgebaut. Stil und Charme besitzen die 30 Zimmer, eine Fülle an Veranstaltungsräumen macht das Haigerlocher Schloss zu einem international begehrten Ort für Tagungen, Familienfeiern und aufwändige Präsentationen. Und wo noch vor wenigen Jahrhunderten nur Grafen und Fürsten bewirtet wurden, dürfen es sich heute auch bürgerliche Haigerloch-Besucher gut gehen lassen. Küchenmeister Siegbert Kugler kocht hier mit seiner achtköpfigen Brigade eine leichte, frische Küche. Sauté von der Gänseleber, Filetmedaillon vom Milchkalb oder Sellerie-Trüffel-Cannelloni werden von kulinarischen Aktionen bereichert. Im eleganten Restaurant kommen dann mal schwäbische, mal Gerichte der Neuen Leichten Küche auf den Teller, auch für Degustationsmenüs mit passenden Weinen hat sich das „Gastschloss“ einen Namen gemacht.

Gastschloss Haigerloch

72401 Haigerloch
Telefon 0 74 74 – 69 30
Telefax 0 74 74 – 6 93 82

Geöffnet:
Hotel durchgehend, Restaurant von Montag bis Samstag

Bei einem Glas Riesling oder dem bekannten Haigerlocher Bier lässt sich die Aussicht auf den Schlosshof besonders gut genießen, im Sommer natürlich auch von der Terrasse.

Die schönsten Wanderpfade ringsum, die beeindruckendsten Ausblicke und die Ausflugsziele in der Umgebung verrät der aufmerksame Service gern. Bis zur berühmten Burg Hohenzollern ist es nicht weit, und die gastronomische Alternative wartet bereits unten im Tal, ein paar hundert Treppenstufen weiter unten.

Zanderfilet mit Salbei im Speckmantel gebraten auf Rahmsauerkraut und Schupfnudeln

Zutaten

1 Zander, ca. 1,6 kg (ergibt 4 Filetstücke à 150 g), 4 Scheiben mild geräucherter Schweinespeck, 4 Salbeiblätter

Sauce

200 ml kräftiger Fischfond, 150 ml Rotwein, 60 ml roter Portwein, 1 TL Johannisbeergelee, 2 kleine Schalotten, gewürfelt, 50 g kalte Butter

Rahmkraut

500 g Sauerkraut, 1 Zwiebel, 1 Apfel, Brühe, Weißwein, Gewürzbeutel (Lorbeerblätter, Wacholder, Nelke, Pfeffer), Sahne, Crème fraîche, etwas Mondamin, Salz, Zucker, Muskat zum Abschmecken

Zubereitung

Den Zander filieren und entgräten. Filets mit Salz und Pfeffer würzen und das Salbeiblatt auflegen, mit dem Speck umwickeln.
Zwiebelwürfel und Äpfel in etwas Schmalz anschwitzen, Sauerkraut zugeben, mit Brühe und Weißwein weichkochen (Gewürzbeutel mitkochen). Gegartes Sauerkraut mit Sahne und Crème fraîche verkochen und mit Mondamin leicht abbinden. Mit Salz, Pfeffer, Zucker, Muskat abschmecken.
Für die Rotweinsauce den Fischfond mit den Schalottenwürfeln, dem Rotwein, Portwein und Johannisbeergelee sirupartig einkochen, die kalte Butter einrühren.
Als Beilage empfehlen wir Gemüsestreifen, Schupfnudeln oder Kartoffelpüree.

Hotel Fortuna und Restaurant Ambassador

Hotel Fortuna
Restaurant Ambassador

Carl-Zeiss-Strasse 75
72770 Reutlingen

Telefon 0 71 21 – 58 40
Telefax 0 71 21 – 58 41 13

Restaurant
Telefon 0 71 21 – 5 85 64 60
Telefax 0 71 21 – 5 85 64 66

Der Name kommt sicher nicht von ungefähr. Wer im Hotel „Fortuna" absteigt, der kann sich tatsächlich glücklich schätzen. Glücklich, ein so verkehrsgünstig gelegenes Vier-Sterne-Haus mit komfortablen Zimmern gefunden zu haben. Ideal für Geschäftsleute, Tagungsgäste, aber ebenso für Urlauber, die sich Reutlingen oder das nahe Tübingen anschauen wollen. Mit Appartements, Sauna und Fitnessraum, Hotelbar und mehreren Gesellschaftsräumen ist das moderne Hotel eine erste Adresse der Stadt.

Was man auch vom Restaurant „Ambassador" behaupten kann. Pächter Werner Eichholz ist ein Gastronom der Alten Schule und hat aus dem gemütlichen Restaurant eine Botschaft des guten Geschmacks gemacht. An der Bar finden sich am frühem Abend Hotelgäste, aber auch Reutlinger ein, um einen Cocktail zu genießen oder einen Schoppen Württemberger Weines zu bestellen.

Und danach? Im „Ambassador" geht man kulinarisch mit der Jahreszeit, bietet im Sommer vielfältige Salate, im Oktober Pilzgerichte und Kürbissuppe, einen Monat später knusprige Gänsekeulen und natürlich frisches Wild. Ganzjährig sorgen Werner Eichholz, Küchenchef Christian Flöttl und das gesamte Team zudem für schwäbische Spezialitäten, bei denen Spätzle und Maultaschen zu ihrem Recht kommen, sowie für ideenreiche Fischkreationen. Und wem die Küche des Restaurants gefallen hat, der fragt am besten gleich nach den Catering-

Angeboten. Mit seiner Firma „Pro-Gast“ versorgt Werner Eichholz kleine Familienfeiern ebenso wie das große Firmenjubiläum. Kreatives Catering für Modenschauen, Pressemeetings oder VIP-Partys ist das Metier des engagierten Chefs.
Übrigens: „Fortuna“ gibt es gleich dreifach: Im gleichen Eigentum befinden sich das Hotel „Fortuna“ in Schwäbisch Gmünd und das „Albhotel Fortuna“ in Riederich – und als viertes Haus bereichert das Hotel „Ernst“ in Reutlingen das Trio.

Poulardenbrust-Roulade mit Mango-Kokosfüllung

Zutaten für 4 Personen

4 Poulardenbrüstchen
1 reife Mango
80 g Kokosraspeln
2 EL Mangochutney
1 TL Madras-Curry
1 Msp. Chili
1 Prise Salz
2 EL Mehl

Zubereitung

Mango schälen und in feine Streifen schneiden, dünn mit den übrigen Zutaten mischen.
Poulardenbrust von der Längsseite her aufschneiden, umklappen und vorsichtig plattieren. Die Brust auf Klarsichtfolie legen, mit Salz und Curry würzen, die Mangomischung daraufgeben und mit der Folie zur Roulade rollen.
Anschließend fest in Alufolie einwickeln und im Wasserbad bei 82-90 °C 25 Minuten lang pochieren.
Nach dem Garen Folien entfernen und Roulade in gerösteten Sesamkörnern und Koriander wälzen.
Für die Sauce 2 EL Zucker karamellisieren, mit Limonensaft ablöschen und mit etwas Hühnerbrühe auffüllen. Mit Sahne verfeinern und mit Salz und etwas rosa Pfeffer abschmecken.
Als Beilage empfiehlt sich eine Wildreismischung.

Albhotel Fortuna Riederich

Albhotel Fortuna

Hegwiesenstrasse 20
72585 Riederich

Telefon 0 71 23 - 3 80 30
Telefax 0 7123 - 3 55 44

Geöffnet: Montag bis Freitag
11-14 Uhr und 18-23 Uhr,
Samstag Ruhetag

Unter den verschiedenen „Fortuna"-Hotels ist das „Albhotel Riederich" vielleicht jenes mit dem spektakulärsten Ambiente. Das sehenswerte Restaurant der ruhig gelegenen Komfort-Herberge nämlich wurde in einem großen Wintergarten eingerichtet und bietet bis zu 130 Personen Platz. Ideal geeignet für ein intimes Abendessen zu zweit, eine geschäftliche Besprechung mit passender Speisen- und Weinuntermalung oder eine größere Familienfeier. Zu jeder Gelegenheit macht das Team des „Albhotels" die passenden Vorschläge.

Ein mal schwäbisches, mal saisonal ausgerichtetes Angebot à la carte konkurriert mit den Buffets, deren Vielfalt sich über die Grenzen Riederichs hinaus herumgesprochen hat. Vor allem der Sonntagsbrunch sucht seinesgleichen, denn mit Vorspeisen- und Dessertbuffet, Salatauswahl und Suppen, verschiedenen Hauptgängen und Kaffee wird wohl jeder satt. Kinder bis sechs Jahre essen bei dieser Gelegenheit gratis, und die bis zu 13 Jahre alten Genießer können schon für die Hälfte des Erwachsenenpreises schlemmen. Kinderspielecke und Kinderkino erlauben den Eltern Erholung vom Alltag...
Die 53 komfortablen Zimmer bieten allen, welche die Riedericher Ruhe länger auskosten wollen, viel modernen Komfort und sind der ideale Ausgangspunkt für Wanderungen oder Radtouren auf der Schwäbischen Alb. Stuttgart, Tübingen und Reutlingen sind schnell erreichbar, aber im „Albhotel“ verrät man auch gern verschwiegene Pfade durch die Dörfer der Umgebung. Nicht vergessen darf man im „Albhotel“

eine weitere Attraktion. Wenn die Temperaturen es im Spätfrühling, im Sommer oder im beginnenden Herbst zulassen, darf man auch im Freien genießen. Die Terrasse des Hauses grenzt an einen Teich und lässt Besucher aus der ganzen Umgebung schwärmen!

Schweinemedaillon mit Roquefortsauce auf Röstibett

Zutaten für eine Portion

Kartoffelrösti:

1 Tag vorher 2 große, fest kochende Kartoffeln ca. 10 Minuten ankochen und beiseite stellen.
Am Zubereitungstag Kartoffeln schälen und grob reiben. Mit Salz, Pfeffer, Muskatnuss würzen. Als großes Plätzchen im heißen Fett ausbacken.

Sauce

1/4 Zwiebel fein würfeln und in Butter anbraten. Mit ca. 10 cl Weißwein ablöschen. 50 g Roquefort hinzugeben und langsam auflösen. 1 EL Kalbsfond und 2 EL Crème fraîche hinzufügen. Etwas einkochen lassen und mit Salz und Pfeffer abschmecken.

Fleisch

3 Schweinefilets (60-70 g) mit Salz und Pfeffer würzen und ca. 8 Minuten anbraten.

Anrichten

Die Schweinefilets auf das Röstiplätzchen legen und mit der Sauce nappieren.

Forellenhof Rössle

Hotel Restaurant
Forellenhof Rössle

72805 Lichtenstein-Honau

Telefon 0 71 29 – 9 29 70
Telefax 0 71 29 – 92 97 50

Natürlich, niemand ist gezwungen, im „Forellenhof Rössle“ wirklich auch eine Forelle zu bestellen. Die Auswahl der Speisenkarte ist schließlich wesentlich größer, umfasst in der Saison frischen Spargel, im Herbst Wild und rund ums Jahr frische Gemüse, Kräuter und Früchte.
Aber eigentlich sind sie ja viel zu verlockend, die gebratenen, gedünsteten, pochierten und in vielen anderen Varianten verarbeiteten Fische, als dass man auf sie dauerhaft verzichten wollte. Frischer als im „Forellenhof“ können sie kaum sein, denn die Echaz verläuft geradewegs hinter dem Haus. Bis zur Quelle des kleinen schwäbischen Flusses sind es auch nur wenige Meter – und genau hier werden die Forellen, Saiblinge und Lachsforellen gefangen und schnurstracks in die Küche des Restaurants geliefert.
In ein Restaurant übrigens, dessen Ruf sich seit langem über Honau hinaus verbreitet hat. Aus Reutlingen, Tübingen, sogar aus Stuttgart kommen die Liebhaber des frischen Fisches, um im „Rössle“ zu genießen. Im Familienbesitz befindet sich der Gasthof nun schon seit über 200 Jahren – Zeit genug, um immer neue Forellenrezepte und Zubereitungsmethoden zu ersinnen. Die Familien Gumpper und Stoll, die heute gleich mit drei Generationen den Gast verwöhnen, haben das einst bescheidene Lokal allerdings zu einem Schmuckstück der Schwäbischen Alb ausgebaut. Ein Großteil der 30 komfortablen Gästezimmer bietet einen traumhaften Blick auf das Schloss Lichtenstein – und alle verfügen sie über größte Bequemlichkeit, Ruhe vor dem Trubel der Großstädte und jede Menge Charme dazu.
Das Verwöhnmenü im eleganten Restaurant oder sommers auf der großzügigen Terrasse könnte mit geräucherter Forelle starten – die Fische werden in der nahen Tobelmühle selbst verarbeitet. Danach kämen die forellengefüllten Maultaschen gerade recht, vielleicht auch – wenn es die Saison erlaubt – das Potpourri von Lachsforelle und Saibling mit frischem Spargel. Spezielle Genießer-

abende und Veranstaltungen vervollständigen das Programm.
Die Forellen übrigens, die gibt es auch zum Mitnehmen. Ein kleiner Laden bietet Frisches und Geräuchertes für zu Hause an. Vakuumverpackt und köstlich frisch. Man kann ja nicht jeden Tag im „Rössle" einkehren ...

Frischer Stangenspargel mit einem Potpourri von Scampi, Lachsforellen- und Saiblingsfilet an einem leichten Kräuterbuttersössle mit neuen Kartoffeln

Zutaten für 4 Personen

1,5 kg Spargel, 300 g Lachsforellenfilet, 300 g Saiblingsfilet, 8 Scampi, 600 g neue Kartoffeln

Für die Sauce: ca. 0,2 l Fischbrühe, ca. 0,2 l flüssige Sahne, ca. 80 g Kräuterbutter, etwas Salz, Pfeffer, Vermouth

Zubereitung

Spargel an der Blüte festhalten und sorgfältig schälen. In Salzwasser ca. zehn Minuten ziehen lassen (das Gemüse darf noch bissfest sein). Lachsforellen- und Saiblingsfilets in jeweils acht gleich große Stücke schneiden, salzen und pfeffern, in Mehl wenden und in einer Pfanne in Butter bei mittlerer Hitze von beiden Seiten anbraten.
Die Scampi ausbrechen (von Schale und Darm befreien), mit Salz, Pfeffer und Knoblauch würzen und ebenfalls bei mittlerer Hitze von allen Seiten anbraten.
Für die Sauce die Fischbrühe und die Sahne zum Kochen bringen und mit Mehlbutter abbinden. Nun die Kräuterbutter dazugeben und mit etwas Salz, Vermouth oder trockenem Riesling abschmecken.
Die neuen Kartoffeln in Salzwasser mit etwas Kümmel kochen, schälen und vor dem Anrichten in etwas zerlassener Butter anschwenken.
Zum Anrichten den Spargel auf einen vorgewärmten Teller setzen, rechts und links mit Sauce nappieren und darauf die angebratenen Fische und Scampi anrichten.

Speidel's Brauereile – Gasthof Lamm

Wie bei der kleinsten Hausbrauerei Deutschlands, die sich unbeirrt im Schatten der mächtigen Bierkonzerne behaupten kann. Dank langer Erfahrung - seit 1763 ist Familie Speidel für die Geschicke der einstigen Pferdestation und heutigen Ödenwaldstettener Brauerei verantwortlich. Seit jener Zeit beherzigen die Speidels, von Senior Werner über die Söhne Wolfgang und Dieter bis zu den Enkeln, die althergebrachte Brautradition. Heimisches Quellwasser, Gerstenmalz, Hopfen aus der Hallertau und Hefe sind jene Zutaten, aus denen nach dem Reinheitsgebot von 1516 das Bier gebraut wird – ohne moderne Zusatzstoffe, Aromen oder Konservierungsmittel. Gebraut wird in Ödenwaldstetten übrigens nur in kleinen Mengen und entsprechend der Saison. Ein paar hundert Liter sind es allenfalls pro Tag, die im Sudkessel zu Bockbier, Osterbier oder dem – anlässlich des alljährlichen Feuerwehrfestes hergestellten – Feuerwehrbier veredelt werden. Unfiltriert und urig-würzig schmecken sie alle – da könnten sich die großen Brau-Konkurrenten so manchen Tropfen abzwacken.

Brauerei-Gasthof Lamm

Im Dorf 5
72531 Hohenstein-Ödenwaldstetten

Telefon 0 73 87 – 9 89 00
Telefax 0 73 87 – 13 80

Von Ödenwaldstetten lässt sich nun wirklich nicht behaupten, dass es sich um den Nabel der Welt handeln würde. Das langgestreckte Straßendorf zwischen Reutlingen, Bad Urach und Zwiefalten besitzt urtümlichen Charme, hier gehen die Uhren noch anders.

Und wer sich durch die verschiedenen Sorten verkostet, in „Speidel's Brauereile“ oder vielleicht in aller Ruhe zu Hause, im Vergleich mit den industriell hergestellten Bieren der deutschen oder ausländischen Riesen-Brauereien, der wird sofort deutliche Unterschiede bemerken. Es geht eben, deutsches Reinheitsgebot hin oder her, nichts über handwerklich und nach alter Tradition gebraute Gerstensäfte. Solche Meisterstücke passen übrigens auch zum Essen ganz ausgezeichnet: Es muss ja nicht immer nur Wein sein, der Vor- und Hauptspeisen begleitet, die individuellen Biere aus Ödenwaldstetten tun es ebenso und verhelfen sowohl Fisch- als auch Fleischgerichten zu neuer Dimension. Bier kann auch mit kräftig gewürzten Speisen mithalten, die jeden Wein blass aussehen lassen würden. Als Aperitif vor dem Essen kann ein frisches Bier sogar mühelos den Champagner ersetzen – das Appetit machende Prickeln am Gaumen verursachen schließlich beide Getränke!

Veredeln können in der Miniatur-Brauerei übrigens auch die Gäste. Im Rahmen eines Bierseminars dürfen sie für einen Abend lang selbst die Braumeisterschürze umschnüren und den Sud ansetzen. Eine Bierprobe – bis zu 30 verschiedene Sorten müssen erkannt werden -, das richtige Anschlagen von Bierfässern und natürlich ein ausführliches Mahl mit Biersuppe, gepökelter Schweinekeule oder in Bierteig gebackenen Früchten machen ein Speidelsches Bierseminar zum Erlebnis für kleine oder größere Gruppen.

Aber auch, wer nur allein oder zu zweit nach Ödenwaldstetten findet, wird von der Bier-Familie herzlich begrüßt. Vater Speidel, gelernter Braumeister, macht nichts lieber, als Neugierigen seine Braukünste vorzuführen und sie anschließend an den Gasthof zu verweisen. Schließlich legt das „Lamm“ stets eine auswahlreiche Speisekarte mit schwäbischen, häufig mit Bier verfeinerten Schmankerln vor. Kalbsbäckle, Käsesuppe, Rehrücken mit Wirsing oder Filet vom schwäbischen Landschwein gehören zu den schönsten Kreationen von Küchenchef Dieter Speidel. Natürlich hält man im gemütlichen Gasthof, dem einige ländlich-hübsche und komfortable Hotelzimmer angeschlossen sind, auch einen süffigen Trollinger vorrätig. Doch auch dem größten Weinkenner wird es nicht schwer fallen, eine Zeitlang auf seinen Rebensaft zu verzichten – bei so delikaten Bieren!

Gestütsgasthof und Landhotel Gulewitsch

Gestütsgasthof und
Landhotel Gulewitsch

72532 Offenhausen

Telefon 0 73 85 – 9 67 90
Telefax 0 73 85 – 96 79 96

Lange ist es her, dass die Dominikanerinnen im Kloster von Offenhausen die Messe feierten. Weniges erinnert noch diese Zeit, nur die Kirche aus dem 14. Jahrhundert gibt einen Eindruck vom klösterlichen Leben. Längst dient der Gebäudekomplex anderen Zwecken: Nach der Verstaatlichung kirchlicher Güter zu Anfang des 19. Jahrhunderts zogen hier Pferde ein, heute gehört das Gelände zum Landesgestüt im nahen Marbach und beherbergt ein Gestütsmuseum.

Nicht der einzige Grund, ins beschaulichen Offenhausen zu fahren, schließlich gehört auch der Gestütsgasthof der Familie Gulewitsch zum Anwesen. War das hübsche Gasthaus mit dem Pferdewappen im Schild noch in den sechziger Jahren weitgehend heruntergekommen, begannen Hedwig und Dietmar Gulewitsch bald darauf mit der Renovierung. Als sie den Betrieb im Jahr 2000 offiziell an die nächste Generation übergaben, florierte das Restaurant bereits und war weit über die Grenzen des Ortes hinaus bekannt geworden. Nicole und Frank Gulewitsch heißen die Verantwortlichen nun, die Senioren kümmern sich derweil um das Landhotel, nur ein paar hundert Meter Luftlinie vom Gestütsgasthof entfernt. Nicht weniger als 43 Betten stehen dort für Urlauber, Tagungsgäste oder Gourmets zur Verfügung, im Landhotel können Feste aller Art veranstaltet werden.

Und an Feinschmeckern mangelt es nicht in

den liebevoll eingerichteten Gasträumen oder auf der herrlichen Terrasse mit Blick auf die Klosterkirche. Bei den Gulewitschs ist immer etwas los, werden hausgemachte Käsespätzle mit taufrischen Salaten ebenso serviert wie Spezialitäten aus heimischem Wild, im Frühjahr frischer schwäbischer Spargel oder Älbler Lamm. Regionale Küche auf die beste aller Arten, welche die Mitarbeiter des Landesgestüts zur Mittagszeit ebenso anlockt wie Kenner aus Stuttgart, Ulm oder Reutlingen. Zumal ja auch der Service unter Leitung der sympathischen Juniorchefin ein Muster an Gastfreundschaft darstellt. Gern empfiehlt die Patronne einen der Württemberger Weine von Graf Neipperg oder Haidle, zwei ambitionierten Weingütern des Ländle. Ob als Viertel oder als Achtel – viel Gutes aus den besten Jahrgängen und aus Baden (Stigler, Aufricht), Frankreich oder Italien wird glasweise ausgeschenkt oder lagert, in Flaschenform, im edlen Weinklimaschrank.

Eigentlich schon genügend Gründe, nach Offenhausen zu fahren. Aber der engagierte Frank Gulewitsch begnügt sich nicht damit, einfach gut zu kochen. Spezielle Weinprobenabende gehören zum Angebot, und dass man anlässlich der Kochkurse des Chefs einiges lernen kann, hat sich herumgesprochen. Ob die Lehrstunde unter dem Motto Vier-Gänge-Fischmenü oder leichte Sommersonnenküche steht, Rezepte mit Steinpilzen oder mit Gänsen vermittelt – bei den Gulewitschs lässt sich ungewöhnlich vielfältig genießen.

Land- und Ferienhotel Wittstaig

Land- und Ferienhotel Wittstaig

Wittstaig 10
72525 Münsingen-Gundelfingen

Telefon 0 73 83 – 9 49 60
Telefax 0 73 83 – 94 96 99

Geöffnet:
Dienstag Ruhetag

Die Schwäbische Alb war noch vor hundert Jahren eine ebenso arme wie wenig erschlossene Region. Als die Wasserversorgung noch nicht überall installiert war, mussten in heißen Sommern die Bauern noch von den Anhöhen hinunter ins Tal steigen, um hier ihr Wasser zu schöpfen. Das Vieh droben wollte getränkt sein, und auch die Menschen benötigten Wasser zum Kochen und Trinken. Eine mehr als beschwerliche Tätigkeit, an die eine Tafel an der schmalen Brücke erinnert, nur wenige hundert Meter vom „Land- und Ferienhotel Wittstaig" entfernt.
Hier, im Großen Lautertal, ist das viel beschworene Ende der Welt auch heute mit Sicherheit nicht weit. Gundelfingen ist keine Metropole, Touristen verirren sich nur

selten zufällig in die Gegend. Aber jene Kenner, die das Hotel nach Empfehlungen dann doch für sich entdeckt haben, sind regelmäßig von der Ruhe, der landschaftlichen Idylle und dem Komfort des Hauses begeistert.
Rita und Hermann König haben es verstanden, aus dem traditionsreichen Gasthof ein neuzeitliches Haus zu machen. Eines mit Hallenbad und Sauna, sehr behaglichen Zimmern im Stammhaus oder dem neu erbauten Appartementgebäude gleich nebenan - und einer bekannt guter Küche dazu. Aber auch eines, das die hektische Welt ringsum vergessen lässt, das Ausgangspunkt ist für vielfältige Freizeitaktivitäten und pure Erholung. Nach einigen Tagen unterhalb der imposanten Burgruine Hohengundelfingen scheint der Alltag vergessen.

Die Aussicht von der Ruine ist übrigens eine der größten Attraktionen weit und breit. Bei gutem Wetter und klarer Sicht reicht der Blick bis zu den Alpen. Familie König erklärt den Besuchern gern, zu welcher Tageszeit sich der Aufstieg besonders lohnt, welche Wanderwege hier beginnen und wie der berühmte „spitze Stein", das Wahrzeichen des Großen Lautertals, zu erreichen ist. Aber auch darüber hinaus mangelt es der Region nicht an Attraktionen. Burgen, Laubwälder, Möglichkeiten zum Kanu- oder Radfahren, Angelgelegenheiten oder eine Bärenhöhle sind nur einige der Natur- und Kulturangebote in diesem Teil der Alb. Auch bis zum Münster in Zwiefalten ist es nicht weit, und wer partout nicht aufs Stadtleben verzichten mag, ist mit dem Auto rasch in Reutlingen oder Tübingen.

Forellenfilet auf Kürbis-Paprikagemüse

Zutaten

4 Stück Forellenfilets
1 EL Schalottenwürfelchen
600 g Kürbis in Streifen
1 Stück rote Paprika in Rauten
100 ml Sahne
50 ml Wermut weiß
50 ml Fischfond

Zubereitung

Forellenfilet mit etwas Zitronensaft marinieren, mit Salz würzen, in Mehl wenden, in der Pfanne braten. Schalottenwürfelchen mit etwas Butter glasig anschwitzen, Kürbis und Paprika dazugeben, mit Salz und Pfeffer würzen. Wermut, Sahne und Fischfond dazugeben, fertig dünsten. Auf Tellern mit Basilikumblättern und den gebratenen Forellenfilets anrichten.

Zwiefalter Klosterbräu

Eine traumhafte Aussicht, ringsum Wälder und Wiesen, dazu das klare Wasser der Zwiefalter Aach – man versteht schon, dass sich vor vielen Jahrhunderten Mönche in diesem Teil der Schwäbischen Alb niederließen und das Kloster Zwiefalten gründeten. Seit diesem denkwürdigen Tag im Jahr 1089 ist viel Zeit vergangen. Die Benediktinerabtei Zwiefalten gedieh zu einem Zentrum für geistiges und kulturelles Leben, bevor sie 1803 im Zuge der Säkularisation aufgelöst wurde. Da war das Klosterbier freilich schon längst bekannt – und das weit über die Abtei und den Ort hinaus. Eine Tradition, die von den folgenden, nunmehr weltlichen Besitzern bewahrt werden konnte. Seit 1897 ist Familie Baader für das Klosterbräu verantwortlich. Heute führen die Brüder Rolf und Albert Baader in der dritten Generation die ehrwürdige Brautradition fort.

Obwohl die Zwiefalter Bier-Experten die althergebrachten Braurezepte weiter pflegen, gehen sie doch mit der Zeit. In den letzten 50 Jahren wurde der jährlich Bierausstoß von 4.000 auf 90.000 Hektoliter erhöht, das Sortiment beträchtlich erweitert. Zwiefalter Klosterbräu ist heute eine der modernsten und größten württembergischen Privatbrauereien.

Im weiten Umkreis von Zwiefalten werden Besucher der Schwäbischen Alb also die Zwiefalter Bier-Spezialitäten genießen können. Das „Abt Beda naturtrüb", wie es die Mönche bereits vor Jahrhunderten aus Wasser, gemälzter Gerste, Hopfen und Hefe herzustellen wussten. Eine lange Brautradition hat auch das kraftvolle und vollwürzige „Spezial-Export".

Doch damit lange nicht genug – das hopfenherbe „Kloster-Pils" begeistert und vor allem im Sommer ist das herrlich erfrischende Zwiefalter Weizenbier gefragt, erhältlich auch in der praktischen Longneck-Flasche als „Hefedrittel". Das Weizenbier gibt es in vier unterschiedlichen Varianten – hefetrüb, kristallklar, hefedunkel und hefeleicht. Festbier und das alko-

Zwiefalter Klosterbräu

88529 Zwiefalten

Telefon 0 73 73 – 20 00
Telefax 0 73 73 – 2 00 30

Klosterbräu Gaststätte
Hauptstrasse 24
88529 Zwiefalten

Telefon 0 73 73 – 9 12 12
Telefax 0 73 73 – 9 12 13

holfreie Bier ergänzen das Repertoire der Brauerei. Nicht zu vergessen, natürlich, das Zwiefalter „exklusiv“, ein würziges, mildes Bier, das mit untergäriger Hefe besonders schonend hergestellt wurde. Das exklusive Bier setzt Maßstäbe für den Bier-Genießer und beweist, wie modern eine Brauerei mit so langer Tradition sein kann. Übrigens – die Rohstoffe Gerste und Weizen werden ausschließlich aus der heimischen Region bezogen. Klar, dass alle Klosterbräu-Biere auch in der gemütlichen Gaststätte neben der Brauerei ausgeschenkt werden. Dazu reicht Gastwirt Klaus Herter deftige Brauer-Spezialitäten und üppige Vesperplatten. Und erzählt den Besuchern gern von den vielen Sehenswürdigkeiten des Ortes und der Region. Das prachtvolle Barockmünster aus dem 18. Jahrhundert lässt sich, nur eines von vielen Beispielen, nach einer kulinarischen Stärkung umso ausgeruhter besichtigen.

Flair-Hotel Restaurant Frank Vier Jahreszeiten

Flair-Hotel Restaurant Frank Vier Jahreszeiten

Stuttgarter Strasse 5
72574 Bad Urach

Telefon 0 71 25 – 9 43 40
Telefax 0 71 25 – 94 34 94

Zufälle spielen manchmal eine große Rolle. Wer weiß, ob Christine Frank nicht heute noch in ihrem erlernten Besuch als Uhrmacherin arbeiten würde, wenn sie nicht eines Tages den Gastronomen und Hotelier Eugen Frank kennen und lieben gelernt hätte. So zog sie aus München ins beschauliche Städtchen Bad Urach, verkaufte fortan keine Schmuckstücke und Chronographen mehr, sondern pure Gastlichkeit. Bereut hat die Chefin die Entscheidung nicht - Gastronomie kann schließlich sehr befriedigend sein.

Zumindest dann, wenn man sie so leidenschaftlich betreibt wie die Familie Frank. Wenige Meter vom herrlichen Uracher Marktplatz, der wegen seiner malerischen Häuserzeilen zu Recht Berühmtheit genießt, steht ihr „Flair-Hotel". Seit 1902 befindet sich der imposante Gebäudekomplex mit der mehrhundertjährigen Gasthaustradition nun schon in Händen der Familie Frank. Allmählich wurde das Haus erweitert und den Anforderungen der heutigen Zeit angepasst. So entstand auf der anderen Straßenseite ein Neubau, der heute individuell eingerichtete Zimmer und Suiten enthält. Viel Flair, dem Namen des Hauses angemessen, bietet auch das Restaurant im modernen Landhausstil. Unter das Motto „Schmeck den Süden Baden-Württemberg" haben die Franks zahlreiche Gerichte der saisonal ausgerichteten Speisekarte gestellt. Das „S" neben den Kreationen signalisiert, dass die Zutaten aus der Region stammen – und es gibt viele „S" in der Karte! Milch und Käse werden ebenso vom Bauen geliefert wie Kräuter, Pilze und Obst, Jäger bringen das Wild an der Küchentür vorbei, und das Geflügel wächst ebenfalls in der Nähe des Kurstädtchens Bar Urach auf.

Bei so viel Engagement wundert es nicht mehr, dass Eugen Frank, selbst passionierter Jäger, an der Einrichtung eines Spätzle- und eines Maultaschen-Weges in der Umgebung Urachs mitgewirkt hat. Nur zwei von vielen Möglichkeiten, die Schönheiten der Schwäbischen Alb zu erkunden. Im Herbst bezaubern die in unzähligen Braun-

und Rottönen schimmernden Bäume Wanderer und Naturliebhaber auch aller Welt. Was nicht heißt, dass Bad Urach in den übrigen Jahreszeiten nicht empfehlenswert wäre – im Sommer bietet sich beispielsweise die Gelegenheit, im geschützten Innenhof des „Flair-Hotels" zu genießen. Christine und Eugen Frank haben das Geschäft mit Beginn des Jahres 2003 an die nächste, die vierte Generation übergeben. Für die Jagd mit Rauhaardackel Maxl bleibt dem Senior jetzt wohl ein wenig mehr Zeit, auch seiner Tätigkeit als Präsident der Flair-Hotels wird er noch intensiver nachgehen. Doch ganz und gar dürfte er sich wohl kaum aus dem Betrieb zurückziehen: Dazu macht Gastronomie viel zu viel Freude!

Lammragout „Albschäfer Art" mit frischem Gartengemüse und Uracher Kräuterknöpfle

Zutaten für 4 Personen

500 g Lammfleisch (Keule oder Rücken)
100 g Lammfond
1/4 l Dornfelder Rotwein
2 kleine Schalotten
1 Zweig Thymian
1 Zweig Rosmarin
1 Zehe Knoblauch
1 Kaffeelöffel Stärke

Für das Gemüse

150 g Karotten
150 g Zucchini
1 Stück Blumenkohl
1 Stück Brokkoli
frischer Kerbel

Zubereitung

Lammfleisch in 2 cm große Stücke schneiden, in heißem Öl rosa braten und warm stellen. Schalotten in Würfel schneiden und anbraten. Kräuter und Knoblauch fein hacken und zugeben. Mit Rotwein ablöschen und zur Hälfte einkochen. Lammfond dazugeben und mit Stärke abbinden. Mit Salz und Pfeffer abschmecken, Lammfleisch dazugeben.
Zucchini und Karotten in feine Stifte schneiden. Alles zusammen in Butter anschwitzen, mit Salz und Pfeffer würzen, kurz garen lassen, frischen Kerbel zugeben.

Hotel Restaurant Graf Eberhard

Hotel Restaurant
Graf Eberhard

Bei den Thermen 2
72574 Bad Urach

Telefon 0 71 25 – 14 85 00
Telefax 0 71 25 – 82 14

Es ist nicht einfach ein Restaurant, wie es auch viele andere Hotels besitzen. Nein, das „Hotel Graf Eberhard" bietet seinen Gästen eine ganze Reihe an gastlichen Stuben, alle anders eingerichtet, von der Weinstube bis zum Saal, mit gemütlichen Nischen versehen und liebevoll dekoriert. Wer in der kalten Jahreszeit draußen vorüber schlendert, wünscht sich gleich, im behaglichen Warmen zu sitzen. In den Sommermonaten dagegen lässt sich auch im Freien speisen.

Auch wenn das Vier-Sterne-Hotel „Graf Eberhard" kein altehrwürdiges Haus, sondern ein modernes Gebäude ist - Charme besitzt diese Bad Uracher Herberge jede Menge. Mitten im Kurgebiet des Städtchen liegt das Hotel und verwöhnt seine Gäste – nicht nur Bäderbesucher, auch Wochenendurlauber oder Geschäftsleute – mit bemerkenswert komfortablen Zimmern.
Doch bevor man sich bequem bettet, lohnt allemal ein Besuch der Thermaleinrichtungen des Kurzentrums und eine Visite im Restaurant. Hier legen die Servicemitarbeiterinnen, in schicke Trachten gekleidet, die auswahlreiche Speisekarte vor. Bei deren Lektüre merkt ein jeder sogleich, wie viel Wert man auf saisonale, frische Produkte der Umgebung achtet. Peter Schmid, der Inhaber des Hauses, ist schließlich ein Verfechter regionaler Produkte und – als Präsident des Deutschen Hotel- und Gaststätten-Verbandes, Abteilung Baden-Württemberg – deren größter Promoter. „Schmeck den Süden Baden-Württemberg" ist nur eine der Initiativen, deren Ideen Peter Schmid und sein Küchenteam vertreten. Auch unter das Motto „Vom Hof zum Gast" stellen die Mitarbeiter des „Graf Eberhard" ihre Bemühungen. Das beginnt

schon beim Aperitif, zu dem regionales Bier oder ein Schaumwein von der Champagner-Bratbirne empfohlen werden. Die Kräutersuppe wird natürlich mit Würzpflanzen der Schwäbischen Alb zubereitet, und Maultäschle wie Spätzle sind stets selbst gefüllt oder geschabt.
Um schwäbisches Geschnetzeltes, Rehrücken oder Gänsekeule zu genießen, kommen die Feinschmecker auch von weit her, die zarte Qualität des Sauerbratens mit Trollingersößle hat sich herumgesprochen. Und dass zu dieser oder anderen Köstlichkeiten ein Württemberger Wein ausgezeichnet passt, wundert nicht. Die Mitarbeiter im „Graf Eberhard" haben von Riesling über Trollinger bis Lemberger eine Fülle an heimischen Rebensäften vorrätig.

Gegrilltes Stiellammkotelett im Dialog mit rosa gebratener Flugentenbrust auf Lembergerjus

Zutaten für 4 Personen

Kartoffelnest: 2 große Kartoffeln, Nesterlöffel zum Ausbacken, 1 l Öl

Gemüsebouquet

4 Fingerkarotten,
1 EL Butter, 1 EL Zucker, 1 TL Salz,
4 Brokkoliröschen, 4 Blumenkohlröschen,
1 EL Salz

Spätzle vom Brett:

4 Eier, 300 g Mehl,
1 Prise Salz

Steinchampignons

250 g Steinchampignons,
1 kleine Schalotte, geschält,
1-2 EL Butter, Salz, Pfeffer, Fondor

8 Stiellammkoteletts vom Schäfer Stotz,
1 EL Knoblauchöl, 2 St. Flugentenbrust vom Bauern, 3 EL Öl, Salz, Pfeffer aus der Mühle, 1/4 l Rotwein, Rosmarin, Thymian zum Garnieren

Zubereitung

Öl erhitzen. Kartoffeln in dünne Scheiben, anschließend in Streifen schneiden. Trocken reiben, in den Nesterlöffeln ausbreiten, schließen und in heißem Öl goldgelb bis hellbraun ausbacken.
Karotten schälen, etwas Grün daran lassen. Butter erhitzen, Salz und Zucker zufügen, Karotten zugeben, mit Wasser auffüllen. Brokkoli und Blumenkohl im kochenden Salzwasser bissfest garen, in Eiswasser abschrecken.
Salzwasser zum Kochen bringen. Eier, Mehl und Salz verrühren, aufs Brett streichen und ins kochende Wasser schaben. Vor dem Servieren in abgewürzter Butter anschwenken.
Pilze säubern, waschen, in dünne Scheiben schneiden. Mit Butter und gewürfelten Zwiebeln kräftig anbraten.
In zwei Pfannen Öl erhitzen, Koteletts salzen und pfeffern, mit Knoblauchöl bestreichen. Entenbrust salzen und pfeffern. Jeweils in die Pfannen geben und auf beiden Seiten abraten. Aus den Pfannen nehmen und für ca. 2 Minuten ziehen lassen. Fond mit Lemberger ablöschen und daraus eine Sauce ziehen.

Die Ulrichshöhe

Große Küche muss keineswegs kompliziert sein. Nicht das kunstvolle Verpacken in immer neue Teigschichten, artistisch hindrapierte Gemüsewürfel oder unzählige Saucentupfer machen ein kulinarisches Kunstwerk aus. Nein, große Küche ist die Verfeinerung erstklassiger Grundprodukte – ohne Augenwischerei.

Auf der „Ulrichshöhe" wird dieses Prinzip seit nunmehr über 25 Jahren gepflegt. Annegret Bub-Fehmer machte das intime Restaurant in Nürtingen seit 1976 zu einem der Geheimtipps Schwabens. Längst haben alle großen Restaurantführer das versteckt gelegene Lokal mit Auszeichnungen überhäuft, kommen die Gäste aus Stuttgart, Ulm und von noch viel weiter her, um hier ein ausgiebiges Mahl zu genießen. Zubereitet von Küchenchef Bernd Pils, der seine Ideen auf geniale Weise umsetzt. So wird das Brot hier täglich frisch gebacken, werden die Süßigkeiten zum Café selbst gemacht. Bernd Pils, der in seiner Karriere die Schweiz und Frankreich kennen lernen durfte und auch in den legendären „Schweizer Stuben" im fränkischen Wertheim-Bettingen gearbeitet hat, kauft Fleisch, Fisch und andere Besonderheiten gern selbst auf dem Stuttgarter

Die Ulrichshöhe

Herzog-Ulrich-Strasse 14
72622 Nürtingen-Hardt

Telefon 0 70 22 – 5 23 36
Telefax 0 70 22 – 5 49 40

Geöffnet:
Dienstag bis Samstag 12 – 13.30 Uhr
und 18.30 – 20.30 Uhr

Markt ein. Ausgesuchte Lieferanten bringen saisonale Köstlichkeiten direkt aus dem Elsass oder vom Pariser Großmarkt ins Haus, und von Bauern der Umgebung stammen Gemüse, Kräuter oder Beeren.
Alle zwei bis drei Wochen wechselt, je nach dem Angebot des Marktes, die Speisekarte. Tunfisch-Carpaccio mit Sellerie-Trüffel-Marinade oder ein Wolfsbarsch mit Ofentomaten und weißer Tomatenbutter gehören zu den leichten, aromatischen Highlights der Küche, ein Erlebnis ist gewiss auch der ganze Fasan in Gänseleberrahmsauce, am Tisch tranchiert und von Champagnerkraut begleitet. Ein Feuilleté aus weißer Schokolade sollte freilich, als süßen Abschluss, niemand auslassen. Klar, dass bei Annegret Bub-Fehmer und Bernd Pils auch das Eis selbst gemacht wird.

So patent wie die Küche ist auch der Service durch die Chefin und ihren Restaurantleiter und Sommelier Martin Schropp. In dem eleganten Speiseraum kann man sich in kultiviertem Ambiente wie zu Hause fühlen, einen der Württemberger, italienischen oder südfranzösischen Weine, die Aussicht aufs Tal und die mit viel Liebe eingedeckten Tische genießen. Sobald die ersten Sonnenstrahlen auf Nürtingen fallen, öffnet man die Terrasse mit ihren geschmackvollen Gartenmöbeln: Dank der Südlage können die Gourmets hier bereits im Frühjahr unter freiem Himmel speisen – vielleicht zum alljährlichen Frühlingsfest, einer von mehreren kulinarischen Aktionen im Jahresverlauf. Wieder so ein Grund, um die nächste Reise nach Nürtingen zu planen.

Rehkarree in Sauce von schwarzem Pfeffer mit Steinpilzen

Zutaten für 4 Personen

600 g Rehkarree geputzt, Knochen geschabt, Salz, Pfeffer, Butterschmalz, Thymian

Sauce

4 dl Rehfond, 1/4 l Rotwein, 1 EL Stärke, Thymian, schwarzer Pfeffer gestoßen, Salz, 30 g kalte Butter

Spätzle

6 Eigelb, 1 Vollei, ca. 300 g Mehl, Salz, Muskat, Butter

Steinpilze

400 g feste, geputzte Steinpilze, Salz, Pfeffer, Petersilie, Zitronensaft, Butterschmalz

Zubereitung

Fleisch salzen, pfeffern, in Butterschmalz bei mittlerer Hitze vorsichtig rundum anbraten, auf Thymianzweige legen, bei Oberhitze auf die gewünschte Garstufe ziehen lassen, mehrmals wenden.
Rotwein um 2/3 reduzieren, mit Fond auffüllen. Thymian zugeben, salzen, pfeffern. Stärke mit wenig Wasser anrühren, Sauce binden, passieren und kalte Butter einschwenken.
Spätzleteig herstellen, etwas ruhen lassen. Schaben und abschrecken, vor dem Anrichten in der Butter ohne Farbe erhitzen.
Pilze halbieren, aus der Mitte dünne Scheiben schneiden. Restliche Pilze zerteilen, in Butterschmalz anbraten, salzen, pfeffern, mit Zitronensaft und gehackter Petersilie abschmecken. Gebratene Pilze zwischen die rohen Scheiben schichten. Fleisch in Stücke schneiden, mit Gemüse (Wirsing, Wurzelgemüse, Rosenkohl) anrichten, Sauce angießen. Spätzle extra reichen.

Brot und Fisch – rund um Ulm

Wenn Stuttgart die lebendige und manchmal auch ein wenig hektische Metropole ist, die Industriestadt Schwabens, so bleibt Um der in sich ruhende, unaufgeregte Gegenpol im Osten. Die Donau trennt hier Baden-Württemberg von Bayern, was freilich nicht heißt, dass man im schwäbischen Ulm anders genießen würde als im bayerischen Neu-Ulm.

Eher schon lassen sich kulinarische Gemeinsamkeiten im ganzen Raum Oberschwabens entdecken: In der ländlichen Region zwischen Ulm und dem Bodensee, von Erbach über Biberach und Saulgau bis Ravensburg, sind auch heute noch uralte Ess- und Trink-Traditionen lebendig. Landgasthäuser mit viele Jahrhunderte zurück reichender Geschichte sind hier keine Seltenheit, und die aufgetischten Portionen dürften in den letzten Generationen kaum an Umfang verloren haben. Deftige Braten oder Innereien wie Nieren und Kutteln vermischen sich mit den schwäbischen Teigwaren Spätzle, Knöpfle und Maultaschen zu einer ganz eigenen Art der Küche. Verwandt mit jener im Raum Stuttgart, aber auch nicht identisch. Je

näher man dem Bodensee im Süden oder der Donau im Norden kommt, desto häufiger besitzt natürlich auch Fisch als Genussmittel Bedeutung. Die kleineren Flüsse erlauben natürlich auch abseits des Bodensees den Forellenfang – auf ihre Zubereitung haben sich viele Lokale spezialisiert. In der einstigen Freien Reichsstadt Ulm selbst erinnert das historische Fischerviertel an den einst bedeutenden Wirtschaftszweig: Das freilich war vor der Industrialisierung und aller damit verbundenen, allzu bekannten Folgen. Die andere große Spezialität der Stadt dagegen ist das Brot – und das blieb von Umwelteinflüssen weitgehend verschont. Nicht nur die Brezel, wie sie eigentlich eher aus Bayern bekannt sind, spielt in der Ulmer Regionalküche eine Hauptrolle. In der Stadt lockt das von Willy Eiselen gegründete Deutsche Brotmuseum, das im Umkreis des Ulmer Münsters eingerichtet wurde, Neugierige mit Ausstellungen über die Geschichte der Backwaren von der grauen Fladenbrot-Vorzeit bis zur Vielfalt des modernen Bäckerhandwerks. Glücklicherweise muss man derlei historische Kost nicht trocken zu sich nehmen: Die Braukultur wird in Ulm noch heute hoch gehalten!

Zunfthaus der Schiffleute

Zunfthaus der Schiffleute

Fischergasse 31
89073 Ulm

Telefon 07 31 – 6 44 11
Telefax 07 31 – 6 44 39

Geöffnet:
Täglich 11.00 - 24.00 Uhr
Küche durchgehend bis 23.30 Uhr
Kein Ruhetag

An der tiefsten Stelle des historischen Ulmer Stadtviertels „Unter den Fischern" wurde das „Zunfthaus" einst erbaut. Im 15. Jahrhundert war dies, gleich an einem kleinen Hafen. Dass die Lage auch ihre Nachteile hatte, beweist eine Hochwassermarkierung im Gastraum. Vor einigen Jahren stieg der Pegel der Blau hier hoch und höher, überflutete schließlich Theke und Tische. Doch meist geht es beschaulich und gemütlich zu in diesem traditionsreichen Restaurant, das seit nunmehr 25 Jahren von Hans Mahlknecht geleitet wird. Der Gastronom mit Erfahrung und Ideen übernahm das „Zunfthaus" nach der umfassenden Renovierung in den Jahren 1976 und 77. Schiffer und Fischer stellen heute vermutlich nicht mehr den größten Besucheranteil in diesem bereits legendären Gasthaus. Es kommen stattdessen die Besucher der Ulmer Altstadt, um bei einem Glas des berühmten heimischen Bieres „Gold Ochsen Original" zu verschnaufen – und auch die Ulmer selbst schätzen die vielfältigen Schmankerln, wie sie aus der Küche des „Zunfthauses" auf die hölzernen Tische kommen.

Apropos Tische – seit 25 Jahren gibt es Stammtische im „Zunfthaus". Auf drei Ebenen kann der Gast hier Platz nehmen, im behaglichen Winkel an der Theke oder in einem kleinen Stübchen gleich neben dem Eingang. Viele Stammkunden ziehen dagegen die Empore vor – von dort bietet sich ein prächtiger Blick auf das Geschehen im Lokal.

Die schwäbischen Spezialitäten sind es natürlich auch, neben den nicht weniger als fünf Bieren vom Fass, welche das „Zunfthaus der Schiffleute" so beliebt machen. In dieser Ulmer Institution könnte man sein Mahl mit einer schwäbischen Brotsuppe beginnen, bevor man den „Schwäbischen Vespergalgen" ordert oder die handgeschupften „Buabaspitzla" bestellt. Um welche Delikatessen es sich da handelt? Der „Vespergalgen" ist eine reichliche Variation von rohem Schinken, Käse, Schwarzwurst, Pfefferbeißer und Leberwurst, Radieschen und Rettich, während es sich bei den

„Buabaspitzla" um hausgemachte Schupfnudeln mit Speck und Sauerkraut handelt. In der „Speisenzeitung" findet man außerdem Urschwäbisches wie „Roascht-brota", Schweinelendchen „schwäbisch" oder ein „Ulmer Pfännle". Weitere regionale Gerichte findet der Gast auf dem „Extrablatt". Natürlich gibt es auch saisonale Karten für Spargel, Matjes, Pilze, Oktoberfest, Wild (nach dem Motto „es zog der wilde Jägersmann sein grasgrün neues Röcklein an"), Enten und Gänse. Wer danach noch einen Rest an Appetit verspürt, darf sich auf Backsteinkäse mit Zwiebeln oder flambierte Apfelküchle freuen. Damit wird sicherlich ein jeder satt - die Portionen im „Zunfthaus" sind so „zünftig", wie es sich bereits vor Jahrhunderten die Schiffer von ihrem täglichen Mahl erhofften.

Bunte Blattsalate mit Rehfilet auf gebratenen Zucchinischeiben

Zutaten

Bunte Blattsalate nach Jahreszeit
Walnussöl, Balsamico
Salz, Pfeffer aus der Mühle
Walnusskerne, Croutons
Kirschtomaten

150 g Rehfilet
etwas Öl zum Anbraten
Salz, Pfeffer
Zucchini (6 Scheiben)
Hagebuttenmark

Zubereitung

Aus dem Walnussöl und dem Balsamico, Salz und Pfeffer ein Dressing herstellen.
Das Rehfilet würzen, am Grill oder in einer Pfanne anbraten. Nach ca. 2 Minuten Bratzeit je Seite die Zucchinischeiben hinzufügen und mitbraten.
Die Salatblätter in der Mitte eines Glastellers anrichten, mit dem Dressing beträufeln, mit den Walnusskernen und den Croutons garnieren, auf den Tellerrand die gebratenen Zucchinischeiben legen, dazwischen halbierte Kirschtomaten.
Das Rehfilet aus der Pfanne nehmen, etwas ruhen lassen, in 6 Teile schneiden und auf den Zucchinischeiben anrichten. Die Filetscheiben mit Hagebuttenmark garnieren.

Wirtshaus zur Brezel

Wirtshaus zur Brezel im Akzent-Hotel Roter Löwe

Ulmer Gasse 8
89073 Ulm

Telefon 07 31 – 6 20 31
Telefax 07 31 – 6 02 15 02

Geöffnet: Täglich ab 6.30 Uhr, Küche bis 22 Uhr, Sonntag Ruhetag.

An der namensgebenden Brezel kommt man hier nicht vorbei. Ob man die kleinen Salzbrezel verspeist, die auf jedem der blank polierten hölzernen Tische stehen, ob man eine Brezelsuppe oder die Brezel mit Joghurtbutter bestellt. Die schier gewaltige, mit Putenbruststreifen und Käse überbackene Riesenbrezel ersetzt sogar einen ganzen Hauptgang. Aber, Moment mal, was heißt denn hier Brezel? Sind wir nicht in Schwaben? Doch, aber dem Gasthaus an der äußersten Grenze der schwäbischen Alb merkt man an, dass auf der anderen Seite der Donau bereits Bayern liegt.
Echte schwäbische Schmankerln haben dennoch auch weiterhin ihren Platz in der Wirtschaft, in der man so herrlich unkompliziert genießen kann. Das mit Käse und Schinken gefüllte Ulmer Schnitzel oder die Maultaschen aus eigener Herstellung harmonieren mit dem trockenen Württemberger Trollinger – aber ebenso mit einem der Paulaner Fassbiere, die aus München importiert werden.

Und so kommen echte Ulmer oder Neu-Ulmer ebenso wie Touristen oder Gourmets, die es mal nicht nach Nouvelle Cuisine oder mehrgängigen Menüs gelüstet. Die in Trachten gekleideten Kellnerinnen passen in den rustikalen Rahmen des Lokals, das vom frühen Morgen bis zum späten Abend geöffnet hat. Ob man hier einfach einen Milchkaffee bestellt, ein komplettes Frühstück nimmt oder bei einem frisch gezapften Salvator Starkbier die Tageszeitung studiert – die „Brezel" entwickelte sich in kurzer Zeit zur guten Stube Ulms.
Was angesichts der langen Geschichte des Gasthauses „Roter Löwe" nicht verwundert. Bereits im 17. Jahrhundert war der Name bekannt, inzwischen verbirgt sich hinter der hübschen Fassade ein modern renoviertes Hotel mit Wellnessbereich und Internetzugang, mit einem der behaglichsten (und

ruhigsten) Innenhöfe der Stadt. Und mit dem „Wirtshaus zur Brezel", das an jedem Mittag von Montag bis Samstag ein deftiges Tagesgericht anbietet – und für Gruppen ab 12 Personen den „Brezel-Abend" mit Kalbshaxenfleisch, Sauerkraut, Rostbratwürsten und einem Fässchen Bier zum Selberzapfen. Brezeln gibt es dazu, natürlich, so viel man mag!

Brezeldeller

Zutaten

1 Brezel vom Vortag
80 g Scheibe vom Roastbeef
80 g Scheibe von der Putenbrust
1 Ei
1 EL Mehl

Für die Spätzle

80 g Mehl
2 Eier
etwas Wasser
50 g Spinat
50 g Sahne

Zubereitung

Das Fleisch klopfen und mit Salz, Pfeffer und Paprika würzen, dann im Mehl, im zerschlagenen Ei und in den grob zerkleinerten Brezelbröseln wenden.
Für die Spätzle Mehl, Eier und Wasser zu einem zähflüssigen Teig verarbeiten. Den Teig mit dem Spätzleshobel in siedendes Wasser hobeln und kurz aufkochen lassen. Spätzle mit dem Schaumlöffel aus dem Wasser nehmen und unter kaltem Wasser abschrecken. Jetzt Fett in einer Pfanne erhitzen und das Fleisch langsam darin anbraten. In einem Topf die Sahne mit dem Spinat aufkochen, die Spätzle dazugeben und heiß werden lassen. Spätzle auf einem Teller anrichten.
Das Fleisch aus der Pfanne nehmen, auf einem Küchenpapier wenden und anrichten. Mit Petersilie und Tomate garnieren.

Gasthaus zur Post

Gasthof zur Post

Reuttier Strasse 172
89233 Neu-Ulm/Schwaighofen

Telefon 07 31 – 9 76 70
Telefax 07 31 – 9 76 71 00

Geöffnet:
Warme Küche von 11 bis 14 und von 17 bis 22 Uhr, Samstag Mittag und Freitag geschlossen.

Wenn die ortsansässige Brauerei zu 100 Jahren ununterbrochener Bierlieferung gratuliert, dann ist das keine alltägliche Angelegenheit. In der Schwaighofener „Post" aber hängt sie, die Urkunde, und beweist eindrucksvoll die lange Tradition des Gasthauses: Seit dem Jahr 1900 befindet sich die ehemalige Poststation in den Händen ein und derselben Familie.
Aber stehen geblieben ist die Zeit in der „Post" keinesfalls. Im Laufe der Jahrzehnte wurde das Gebäude an der Ausfallstraße von Ulm behutsam modernisiert und erweitert. Komfortable Hotelzimmer kamen dazu, und für Familienfeste wie Hochzeiten oder andere Gesellschaften entstanden großzügige, geschmackvoll dekorierte Räumlichkeiten. Aber auch die à la carte speisenden Gäste, die allein, zu zweit oder in kleinen Gruppen anreisen, fühlen sich wohl. Die Küche bietet heute neben den traditionellen Schmankerln nach schwäbischer Rezeptur, wie sie so ähnlich wohl schon vor einem Jahrhundert serviert wurden, auch eine früher unbekannte Vielfalt an Fisch, Fleisch oder vegetarischen Kreationen. Vor allem die aromatischen Spezialitäten mit Meeres- oder Flussbewohnern wie Donauwaller und Dorade, Lachs oder Seeteufel sind es, für die Küchenchef Ludwig Tschischka bekannt geworden ist. Zusammen mit der ganzen Familie verwöhnt er seine Gäste, die nicht nur erwartungsvoll aus Neu-Ulm, sondern auch von viel weiter her kommen, um in diesem Gasthaus zu genießen. Regionale Produkte und saisonale Frische sind zwei Konstanten der „Post"-Küche, die Tschischkas beziehen Fleisch, Gemüse, Obst, Pilze und Kräuter nach Möglichkeit von Erzeugern der Umgebung. Fertiggerichte haben natürlich nichts zu suchen in diesem Lokal.

Und weil sich das herumgesprochen hat, bestellen viele Stammkunden nicht nach der häufig wechselnden Karte, sondern lassen sich vom Chef mit einem individuell zusammengestellten Menü überraschen. Mit einer Speisenfolge, die vielleicht hausgemachte Maultaschen mit würziger Fischfüllung enthält oder eine aufwändige Kaninchen-Crépinette mit Mangold und hausgemachten Gnocchi. Dazu passt – wenn es mal kein Bier sein soll - einer der Württemberger, französischen oder italienischen Weine, wie sie in der „Post" ausgeschenkt werden. Auch beim Einkauf der flüssigen Produkte achten die Tschischkas eben auf Qualität.

Crépinette vom Kaninchen auf Mangoldbeet mit Kräutergnocchi

Zutaten für 4 Personen

4 Stück Kaninchenrückenfilet à 100 g
1 Eigelb
1/8 l Sahne
250 g Kalbsbrät
50 g Gemüsewürfel
100 g Schweinenetz
4 Blatt Wirsing

Für das Mangoldbeet

500 g Mangold
Salz, Pfeffer aus der Mühle
Muskat

Für die Gnocchi

250 g gekochte Kartoffeln
50 g Grieß
50 g Mehl
2 Eigelb
Salz, Muskat
frische Kräuter nach Belieben

Zubereitung

Die Kaninchenfilets salzen und pfeffern, kurz anbraten. Kalbsbrät mit Sahne und Eigelb verfeinern und Gemüsebrunoise zugeben. Schweinenetz gut wässern, ausbreiten, mit einem blanchierten Wirsingblatt belegen und mit der Farce bestreichen.
Kaninchenfilet mit frischen Kräutern einreiben, auf die Farce setzen und ins Schweinenetz einschlagen. Im Backofen bei 180° C (Umluft) ca. 10 Minuten garen.

Hofladen Scheck

Apropos Äpfel – die sind ein besonders wichtiger Bestandteil des Sortiments. Bei den Schecks nämlich werden nicht nur die Standard-Äpfel Golden Delicious, Boskoop und Elstar angebaut und verarbeitet. Denn die Apfel-Welt ist wesentlich vielfältiger. Wie der säuerliche Brettacher Apfel schmeckt oder der helle, besonders früh reifende Klarapfel, was es mit der Zabergäu-Renette oder dem knackigen Gewürzluiken auf sich hat – das lässt

sich kaum irgendwo anders so gut erforschen wie hier. Nimmt man noch die verschiedenen Birnensorten dazu, ergibt sich ein schier unbegrenzter Grundstock für Obstsäfte, Hausgebrannten aus Williams Christ oder der Albecker-Birne, hausgeba-

Als der Hofladen Scheck im Herbst 2002 sein fünfjähriges Jubiläum feierte, da kamen nicht nur die Grimmelfinger oder die Ulmer. Weit über die Stadtgrenzen hinaus hat sich der Betrieb einen Namen machen können für seine natürlich hergestellten Produkte aus landwirtschaftlicher Erzeugung. Massentierhaltung, Transporte über viele hundert Kilometer oder industrielle Nahrungsmittelproduktion – das sind auf dem Obst-Bauernhof keine Themen. Und da immer mehr Kunden sich Gedanken machen um bewusstes Genießen, war es entsprechend voll beim Jubiläum: Die Erwachsenen kosteten von den zur Probe dargebotenen Spezialitäten und bewunderten die Vielfalt an Obst und Gemüse, die Kinder durften sich im hofeigenen Streichelzoo mit Ziegen, Hühnern und Enten anfreunden, nach Herzenslust naturtrüben Apfelsaft aus der eigenen Mosterei schlürfen oder sich beim Kürbisgeisterschnitzen betätigen.

Hofladen Scheck

Eisenbahnstrasse 14
89081 Ulm-Grimmelfingen

Telefon 07 31 – 9 38 75 30
Telefax 07 31 – 38 92 02

Geöffnet: Dienstag, Mittwoch und Donnerstag 9-12.30 Uhr und 15-18.30 Uhr, Freitag 9-18.30 Uhr, Samstag 9-12 Uhr.
Jeden Mittwoch und Samstag sind die Schecks auf dem Wochenmarkt in Ulm, jeden Freitag auf dem Wochenmarkt in Wiblingen präsent.

ckenes Apfelbrot, den köstlichen Apfelkuchen oder die selbst gemachten Konfitüren. Natürlich sind die – nach Großmutters Rezept angerührt – auch noch in anderen Varianten wie Erdbeere, Himbeere, Zwetschge oder Quitte zu haben.
Und ebenso selbstverständlich ist es für die vielen Kunden, dass Hausmacher Wurstwaren, Milch von den Allgäuer Bergbauern, Käse - auch von Ziege und Schaf - sowie Bärlauchnudeln die Hofladenregale füllen. Von Gemüse, Salaten, verschiedenen Essigen und Ölen, diversen Teesorten, hausgemachten Maultaschen oder den selbst erzeugten Kartoffeln gar nicht zu reden. Was nicht auf dem Hof selbst wächst, wird bei Kollegen bezogen, welche der gleichen Produktphilosophie anhängen.Seit der Eröffnung des Ladens im Jahr 1997 hat sich das Sortiment ständig erweitert. Nach schlachtfrischem Geflügel ist seit neuestem auch jahreszeitlich bedingt frisches Wild aus dem Allgäu zu haben. Die Familie Scheck scheint noch lange nicht am Ende ihrer Ideen angekommen. Bis zum zehnjährigen Jubiläum bleibt ja noch eine Menge Zeit, um die Kunden mit immer neuen Sorten von „Gsälz“, Bränden oder Rezeptvorschlägen zu begeistern.

Apfelbrot

Zutaten

750 g geraspelte Äpfel
200 g Zucker
100 g Öl
1 TL Zimt
1 Msp. Lebkuchengewürz
1 Prise Salz
1 TL Kakao
50 g Sultaninen
50 g Haselnüsse ganz
500 g Mehl
1 1/2
Pckg. Backpulver

Zubereitung

Mit dem Knethaken aus den Zutaten einen Rührteig bereiten. Eine Kastenform fetten, mehlen und bei 180 °C 90 Minuten backen.

Schloss-Restaurant Erbach

Schloss-Restaurant

Am Schlossberg 1
89155 Erbach

Telefon 0 73 05 – 69 54
Telefax 0 73 05 – 69 63

Wer es nicht weiß, der fährt ganz einfach vorbei und merkt nicht, wie gut man in Erbach speisen kann. Wer es aber erfahren hat von Kennern, die schon mal da waren, der biegt von der Durchgangsstraße ab, erreicht das trutzige Schloss und über den Hintereingang eines der besten Restaurants im weiten Umkreis.

Die Klasse des „Schloss-Restaurants Erbach" hat sich in den letzten Jahren herumgesprochen, renommierte Restaurantführer verteilten hohe Noten für die Küchenleistung. Doch die ist beileibe nicht der einzige Grund, um die eleganten Räumlichkeiten im Schloss aufzusuchen. Patron Humbert Lanza und sein Küchenchef Christian Reeb bieten ihren zahlreichen Stammkunden und neugierigen Nachwuchs-Gourmets einen zwei- oder dreistündigen Ausflug in die Geheimnisse der französischen Ess-Kultur. Klassische französische Küche, auf ideenreiche Art verfeinert und den heutigen Genussgewohnheiten angepasst – das ist das Grundprinzip des aus Frankreich stammenden Chefs.

Ob es eine Gänseleberterrine als Vorspeise sein soll oder eine Mandelcremesuppe, als Hauptgang ein Rinderfilet oder die Poulardenbrust im Blätterteig – Chef de Cuisine Christian Reeb kennt sich aus mit dem Geheimnis der frischen Produkte, der Kräuter und sonstigen Würzzutaten. Nach Möglichkeit kauft er Fleisch, Obst und Gemüse bei Erzeugern der Umgebung ein – oder lässt sie gleich vom Pariser Großmarkt nach Erbach bringen. Kaum anderswo im Großraum von Ulm dürfte man so exquisiten französischen Rohmilchkäse bekommen wie im „Schloss-Restaurant", und die Qualität von Mousse au chocolat und Grand-Marnier-Eissoufflé ist unstrittig. Französisch geht es in dem Restaurant, das für Gesellschaften 50 Plätze zur Verfügung stellen kann, aber auch bei den Weinen zu. Vor allem aus dem Elsass, aber auch aus Burgund, Bordeaux oder von der Loire hat Humbert Lanza beste Flaschen eingekauft. Welcher Tropfen am besten zu welchem Gericht passt, ob Riesling, Sancerre oder Cabernet Sauvignon – der Service berät gern. Selbstverständlich kann man sich zu jedem Gang eines umfangreichen Menüs den ideal harmonisierenden Wein servieren lassen. Derartige Kombinationen vermögen durchaus zu überraschen: schließlich sind die althergebrachten Regeln wie „ weißer Wein zu weißem Fleisch, roter zu rotem" nicht mehr unveränderlich. Auf die Sauce kommt es an, auf Gewürze und Beilagen. Und einfach auf die Lust am Genießen – auf deren Befriedigung versteht sich das Team um Humbert Lanza vorzüglich.
Kein Wunder, dass sich Besucher des Schlosstheaters vor oder nach der Vorstellung wie selbstverständlich im Restaurant einfinden und ein Glas Champagner bestellen. Zumindest einen kleinen kulinarischen Urlaub in Frankreich kann das „Schloss-Restaurant" allemal ersetzen!

Kaninchenfilet mit Shrimps gefüllt, Senfsauce, Krumbeerknepfle und Gratin provençale

Shrimps (pro Person ca. 50 g) in Olivenöl, Balsamico, Salz, Pfeffer und etwas Zitronengras 1 Stunde marinieren. Kaninchenfilet seitlich aufschneiden und die Tasche mit Shrimps füllen. Mit einem Schweinenetz fest und doppelt einrollen. Salzen und Pfeffern. Kurz und scharf anbraten und ca. 16 Minuten im Ofen weiter garen (200 °C). Zum Braten etwas Traubenkernöl nehmen. Dazu eine Sauce aus Bratenfond, grobkörnigem Senf und Sahne servieren.
Als Beilage Krumbeerknepfle (Kräutergnocchi) und Gratin provençale: Tomate, Zucchini, Aubergine und Zwiebel in Scheiben schneiden und aufeinander schichten; Olivenöl, Salz, Pfeffer, ungeschälte Knoblauchzehe und Provencekräuter in eine feuerfeste Form geben und 20 Minuten im Ofen garen.

Gasthof Hotel Post

Gasthof Hotel Post

89150 Feldstetten

Telefon 0 73 33 – 9 63 50
Telefax 0 73 33 – 96 35 20

Geöffnet:
Küche von 11 bis 14 und 17 bis 21 Uhr, das Restaurant hat Montag Ruhetag

Nur die Kenner der Schwäbischen Alb kommen nach Feldstetten. Kein Tourismuszentrum befindet sich hier, zwischen Bad Urach und Blaubeuren, aber ein Ort mit Charme und unzähligen Freizeitmöglichkeiten in der Umgebung,
Und natürlich mit der „Post", einem traditionsreichen Familienbetrieb aus dem Jahre 1720. Damals kehrten hier tatsächlich noch die Postreiter ein und erfrischten sich und ihre Pferde. Spätestens mit der Erfindung des Automobils aber musste die Betreiberfamilie Gekeler für andere Einnahmequellen sorgen. Mit engagierter Qualität für jedermann!
Also kehren in der „Post" nach wie vor die Einheimischen zu einem frisch gezapften Bier oder einem Schoppen Trollinger ein. Aber auch Urlauber kommen gern in den Gasthof im Zentrum des ruhigen Feldstetten, genießen die komfortablen Zimmer im neu erbauten Hotel oder den großzügigen Wellnessbereich mit Sauna, Dampfbad und Whirlpool. Für Familien stehen bequeme Appartements und Ferienwohnungen zur Verfügung, Balkon und eigene Küche inklusive. Das Blockhaus im Freien lädt ebenso zum Feiern ein wie der Kinderspielplatz zum Toben. Und wer nach einem Ausflug zum Schloss Lichtenstein, zum Blautopf von Blaubeuren oder ins Ulmer Fischerviertel wieder zurückkehrt in den Gasthof „Post", der wird schon erwartet von der ideenreichen Küche des jungen Jörg Gekeler.
Der Chef bleibt bodenständig, was die Produkte angeht. Natürlich stammen Obst, Käse und Milch nach Möglichkeit aus der Region, auch Fleisch und Wild werden bei Erzeugern der Umgebung eingekauft, wann immer es das Angebot zulässt. Von sauren Kutteln über Maultaschen bis zu ausgefeilten Kreationen von Fisch, Reh oder Hirsch reicht das Speisenrepertoire der „Post", Spätzle werden ebenso selbst gemacht wie Schupfnudeln, und das Gemüse stammt nicht aus der Tiefkühltruhe.

Im Dienst am Gast stehen hier übrigens zwei Generationen Gekelers, beinah zu jeder Tageszeit. Denn die Kenner, die den Weg nach Feldstetten finden, schätzen echte Gastlichkeit!

Rehrücken am Stiel mit Gemüsebouquet und Haselnuss-Schupfnudeln

Zutaten für 4 Personen

800 g parierter Rehrücken mit Stiel
8 EL trockener Rotwein (Trollinger)
Salz, Pfeffer aus der Mühle, Rosmarin, etwas Thymian, 4 EL Olivenöl

Beilage

8 kleine Brokkoliröschen, 8 kleine Blumenkohlröschen, 1 Kohlrabi, 200 g Fingerkarotten, 100 g Kaiserschoten, 50 g Preiselbeeren, 4 Kompottbirnen, 350 g Schupfnudeln, 40 g Butter, 30 g gehackte Haselnüsse, 20 g Semmelbrösel

Schupfnudeln

500 g gekochte Kartoffeln, 125 g Mehl, 2 Eier, Salz, Muskat

Zubereitung

Rehrücken mit Salz, Pfeffer, Rosmarin und etwas Thymian würden. Olivenöl in einer Pfanne erhitzen. Den Rehrücken auf beiden Seiten anbraten. Danach bei 180 Grad ca. 8-10 Minuten im Ofen garen und anschließend mit Rotwein ablöschen. Aus dem Fond eine Sauce herstellen und mit Preiselbeeren verfeinern.
Für die Schupfnudeln die Kartoffeln durch eine Handpresse drücken, gesiebtes Mehl und Eier nach und nach zugeben, würzen und zu einem Teig kneten. Auf einem bemehlten Brett daraus fingerdicke Würstchen formen und in leicht kochendes Salzwasser geben. Sobald sie oben schwimmen, mit einem Schaumlöffel abschöpfen und auf dem mit einem Tuch bedeckten Blech zum Trocknen auslegen.
Schupfnudeln in Butter goldgelb anbraten, mit Haselnüssen und Semmelbröseln bestreuen.
Wie auf dem Foto anrichten.

Landgasthof zum Hasen

Landgasthof zum Hasen

88348 Bad Saulgau-Renhardsweiler

Telefon 0 75 81 – 4 87 40
Telefax 0 75 81 – 48 74 30

Geöffnet: Dienstag Ruhetag

Ob genau dies jene oft beschworene Gegend war, wo sich Fuchs und Hase gute Nacht sagten? Möglich wäre es, denn ländlich ist es rund um den „Landgasthof Hasen“ im idyllischen Dörfchen Renhardsweiler wirklich, die vielfältige Natur Oberschwabens kann im Umkreis ausgekostet werden. Was nicht heißt, dass der schmucke, aufwändig renovierte Gasthof im Niemandsland liegen würde. Rasch erreichbar ist er, auf halbem Wege zwischen Stuttgart und dem Bodensee, wenige Kilometer vom hübschen Kurort Bad Saulgau entfernt Hinter schönem Fachwerk verbergen sich hier nicht nur moderne Hotelzimmer und Appartements mit Drei-Sterne-Komfort, sondern auch ein Restaurant mit Flair, alten Balken und mächtigem Kachelofen. Persönlich geht es hier zu, seit Gisela Wellhöfer und Jürgen Oswald den „Landgasthof zum Hasen“ übernommen haben. Die gelernte Hauswirtschafts- und Hotelmeisterin sowie der ausgebildete Küchenmeister wissen ganz genau, was sie schätzen, die Schwaben und Touristen, die Feinschmecker aus der Nähe und Genießer von weit her.
Schwäbische Schmankerln wie die Hausmacher Brotzeit, die Maultaschen oder die handgeschabten Spätzle gehören ebenso zur Küchenkultur des „Hasen“ wie Rehragout mit Preiselbeeren im Herbst, frischer Fisch oder die köstlichsten Rösti, die man sich vorstellen kann. Saisonale Produkte, möglichst von Erzeugern aus der Umgebung – das ist die grundlegende Philosophie von Jürgen Oswald. Niemand übrigens ist im „Hasen“ verpflichtet, ein ganzes Menü zu

bestellen. Wer mag, kann auch nur zu einem Glas Bier kommen – das Schussenrieder Spezial gehört zu den würzigsten Gerstensäften Schwabens – oder sich mit den Schätzen des Weinkellers vertraut machen lassen. Gisela Wellhöfer kennt sich aus bei Württemberger und anderer Sorten, schenkt gern einen Probeschluck von Trollinger, Kerner oder Spätburgunder aus. Und nachdem man sich auf so angenehme Weise von den Vorzügen des „Hasen" hat überzeugen lassen, sollte man unbedingt noch den Gewölbekeller besichtigen. Für kleine oder größere Gesellschaften ist dieser urgemütliche und liebevoll gestaltete Raum eine echte Alternative zum Restaurant. Vor allem natürlich im Herbst und Winter, wenn es draußen kalt, im geheizten Keller aber gemütlich warm ist. Für den Sommer bietet sich dagegen die Gartenwirtschaft neben dem Haus an. Ein herrlicher Ausblick in die abwechslungsreiche Landschaft, Natur ringsum, ein aufmerksamer Service – so schön kann schwäbische Gastronomie sein.

Schweinefilet im Teigmantel

Zutaten Für 4 Personen

800 g Schweinefilet, bratfertig
500 g Ladenbrät vom Kalb
oder Kalbsfarce
100 g Champignons
100 g Schalotten
100 g Karotten, in feine Würfel
geschnitten
50 g Mu-Err-Pilze (eingeweicht)
100 g geschlagene Sahne
Salz, Pfeffer, Muskat gerieben,
Thymian, Knoblauch

300 g geriebener Teig
1 Eigelb

Zubereitung

Schweinefilet würzen und anbraten, bei 180 °C 5-7 Minuten in den Ofen schieben.
Schalotten und Champignons fein hacken und glasig dämpfen, Karotten und Mu-Err-Pilze zugeben, unter die Kalbsfarce heben.
Das Ganze mit Salz, Pfeffer, Knoblauch, Thymian und Muskat abschmecken.
Sahne unterheben.
Geriebenen Teig auswellen und die Ränder mit Eiweiß bestreichen.
Schweinefilet vorsichtig im Teig einschlagen und mit Eigelb bestreichen.
Bei 180°C ca. 20 Minuten backen.

Unter den vielen schwäbischen Adelsgeschlechtern gehört jenes der Staufer zu den bekanntesten. Schließlich führten Mitglieder der Sippe nicht nur das Herzogtum Schwaben, sondern besetzten auch für eine Weile den deutschen Herrscherthron.

Im 12. und 13. Jahrhundert bestimmten die Staufer wesentlich die Politik Europas mit. Friedrich I. Barbarossa dürfte als der legendärste der Staufer gelten, doch auch das Andenken des berühmten Friedrich II. wird bewahrt.

Zum Beispiel im Lande zwischen Stuttgart und Ulm, zwischen Schwäbisch Gmünd und Esslingen. Fast jeder Ort erinnert auch heute noch mit Baudenkmälern an jene glorreiche Epoche vor acht Jahr-

Im Lande der Staufer

hunderten. Auf der „Straße der Staufer“ können Schwaben-Besucher eine der schönsten Regionen Süddeutschlands entdecken und sich angesichts der dichten Wälder, der malerischen Höhenzüge und alter Burgen in die Welt des Mittelalters zurückversetzen. Wer jeden Winkel der ausgeschilderten Staufer-Route befahren will, ist zumindest einige Tage lang beschäftigt. Denn vom Kloster Lorch im Norden über Bad Boll im Süden bis nach Heidenheim und Giengen im Osten reicht das Stauferland.

Unter den vielen Staufer-Orten ist, als Primus inter pares, natürlich vor allem Göppingen erwähnens- und sehenswert. In der Nähe des Ortes wurde um 1070 die Burg Hohenstaufen als Stammsitz der Staufer errichtet. Allzu viel ist von dieser historischen Stätte nicht mehr erhalten, die Pracht der Vergangenheit lässt sich in der heutigen Ruine Hohenstaufen nur noch erahnen. Dafür ist der Besuch der städtischen Museen umso interessanter: Von der Statue Kaiser Friedrichs II. bis zu Modellen der Burg in ihrer Blütezeit ist vieles zu bestaunen. Die

Umgebung der Ruine begeistert hingegen mit Wanderwegen, einzigartigem Ausblick und hübschen Gasthöfen. Nicht weit ist es von hier bis zu den anderen Burgen des Stauferlandes, vielleicht dem Wäscherschloss oder Hohenrechberg. Oder bis Staufeneck in Salach, der ebenfalls weitgehend verfallenen mittelalterlichen Befestigungsanlage. In ihren Schatten duckt sich eines der schönsten Restaurants in diesem sehenswerten Teil Schwabens!

Mindestens ebenso interessant ist dagegen der Besuch der Göppinger Museen. Hohenstaufen wurde vor einigen Jahrzehnten in die lebendige Stadt integriert, und heute nennt sich Göppingen zu Recht und selbstbewusst Hohenstauferstadt. Von der Statue Kaiser Friedrichs II. bis zu Modellen der Burg in ihrer Blütezeit ist vieles zu bestaunen. Die Umgebung der Ruine selbst begeistert hingegen mit Wanderwegen, einzigartigem Ausblick und hübschen Gasthöfen.

Burgrestaurant und Hotel Staufeneck

Burgrestaurant und Hotel Staufeneck

Burg Staufeneck
73084 Salach

Telefon 0 71 62 – 93 34 40
Telefax 0 71 62 – 9 33 44 55

Angefangen hat alles mit einem bescheidenen Kiosk zu Füßen der Burgruine Staufeneck. Die Wanderer konnten sich bei Rolf Straubingers Großmutter mit Getränken und bald auch kleinen Speisen stärken, bevor sie weiter marschierten, um all die Sehenswürdigkeiten in diesem faszinierenden nördlichen Teil Schwabens zu erkunden.
So könnte es noch heute sein, doch die nächste und die übernächste Generation der Straubingers hatten anderes vor. Aus dem Kiosk wurde zunächst ein bürgerliches Lokal und schließlich ein Gourmetrestaurant, das sich in den Restaurantführern mit höchsten Noten schmücken darf.
Der junge Rolf Straubinger bereitet in der modern eingerichteten Küche für kleine oder größere Gesellschaften sehr persönliche Kreationen zu. Französische Edelfische oder bretonischer Hummer gehören ebenso zum typischen „Staufeneck"-Stil wie das köstliche schwäbisch-hällische Landschwein, wie die Schupfnudeln, die Spätzle oder die außergewöhnlich aromatischen Saucen.
Während der vielfach ausgezeichnete Chef de la Cuisine und sein Team Kräuter hacken und federleichte Desserts anrichten, sorgt sich Schwager Klaus Schurr um die passenden Weine. Der „Staufeneck"-Keller gehört zu den bestsortierten Schwabens, ja, ganz Süddeutschlands. Natürlich ist aus Württemberg das Beste verzeichnet, was Rang und Namen hat, auch aus gereiften Jahrgängen. Viele französische und italienische

Gewächse ergänzen das Angebot, das sich durch einen besonderen Service glasweise auszeichnet: Zu jedem Gang kredenzt Klaus Schurr gern einen Schluck von perfekt harmonierenden Tropfen.
Mit diesem eindrucksvollen Restaurant hätten sich Rolf Straubinger, Klaus Schurr, ihre engagierten Frauen und die noch immer aktiven Eltern Straubinger nun wahrhaft begnügen können – doch erst jetzt ist das Gesamtkunstwerk komplett: Ende 2002 eröffnete unterhalb der Ruine ein Hotel unter der Leitung Klaus Schurrs mit Stil und Flair, fabelhaftem Ausblick auf das Filstal und einem 350 Quadratmeter umfassenden Wellnessbereich. Eine ideale Alternative für jene Gourmets, die ihren Führerschein nicht riskieren wollen: Nach ausgiebigem Mahl hat schließlich kaum jemand Lust, hinab zu fahren nach Göppingen, Stuttgart oder Ulm. Und dass im „Staufeneck" auch das Frühstück Feinschmeckerqualität aufweist, wird niemand bezweifeln!

Ragout von bretonischem Hummer mit Speck, Brotcroûtons und Nudeln
Für 8 Personen als Zwischengang

Zutaten

2 bretonische Hummer à 500 bis 600 g
16 Scheiben dünner, milder Bauchspeck
50 g Mehl, 50 g Hartweizengrieß,
1 Vollei, 1 TL Kräuterpüree zum Färben,
1 Spritzer Olivenöl, Ei mit Kräuterpüree und Öl verrühren, zum Mehl geben und einen geschmeidigen Teig herstellen.

50 g Mehl, 50 g Hartweizengrieß,
1 Vollei, 1 Spritzer Olivenöl, 1 TL Safranreduktion, Ei mit Reduktion und Öl verrühren, zum Mehl geben und einen geschmeidigen Teig herstellen.

50 g Mehl, 50 g Hartweizengrieß,
1 Vollei, 1 Spritzer Olivenöl, Hummercorail, Ei mit Corail und Öl verrühren, einen geschmeidigen Teig herstellen.

Für den Hummerfond

450 g gewaschene Karkassen, 50 g Butter, 0,3 l Wasser, 1 Knoblauchzehe, 1 Thymianstrauß, 1 Lorbeerblatt, 16 Korianderkörner, geröstet, 5 Schalotten, 1 Stück Staudensellerie, 1/4 Stange Lauch, 50 g Tomaten- und Champignonreste, 0,1 l Weißwein, 0,05 l Noilly Prat, 0,5 l weißer Portwein, 0,05 l Cognac, 1 l Fischfond, 80 g geriebene Kartoffeln

Zubereitung

Karkassen in Öl kurz anrösten, Wasser auffüllen. Butter und Gewürze zugeben und ca. 10 Min. dämpfen. Gemüse zugeben und weitere 5 Min. dämpfen. Mit Alkoholika ablöschen, Alkohol verkochen lassen. Fond zugeben und auf ca. 0,3 l reduzieren lassen. Mit den geriebenen Kartoffeln verkochen. Passieren und mit Salz und Cayenne abschmecken.
Hummer in kochende Coutbouillon legen. 5 bis 6 Min. ziehen lassen. In Eiswasser kurz abschrecken und nach 10 Min. ausbrechen. Darm entfernen und Fleisch in Medaillons schneiden, Corail für die Hummernudeln verwenden. Speck mit wenig Öl in einer Teflonpfanne auslassen und warm stellen. Hummer in gleicher Pfanne kurz durchschwenken. Nudeln kochen und mit Hummerfond durchschwenken. In tiefen Tellern anrichten.

Feinkosthaus J. Gaiser

J. Gaiser
Feinkosthaus & Kaffee-Rösterei

Hauptstrasse 30
73033 Göppingen

Telefon 0 71 61 – 9 76 40
Telefax 0 71 61 - 97 64 44

Geöffnet:
Montag bis Freitag 8.30 bis 18.15
Samstag 8 bis 16 Uhr

Als die Geschichte des heutigen Delikatessengeschäftes „Gaiser“ vor fast zwei Jahrhunderten begann, da firmierte es noch ganz schlicht als Seifensiederei. Die entstand 1804 in den Räumen des ehemaligen Gasthauses „Stern“ genau an jener Stelle, wo sich die Firma Gaiser noch heute befindet. Erst viele Jahrzehnte später kam der „Kolonialwarenladen Gaiser“ dazu, 1923 folgte die Kaffeerösterei, während die Seifensiederei aufgegeben wurde. Da freilich war „Gaiser“ schon eine erste Genuss-Adresse in Göppingen und weit darüber hinaus. Wenn es um die damals raren Südfrüchte, um französische Pasteten oder frische Austern ging – an den Gaisers führte kein Weg vorüber. Noch heute sind die Wände des ältesten noch bestehenden Unternehmens in Göppingen über und über geschmückt mit alten Zeitungsanzeigen aus den zwanziger und dreißiger Jahren. Qualität ist damals wie heute das Markenzeichen des ehrwürdigen Geschäfts, das seine historische Fassade ebenso über die Jahrzehnte retten konnte wie die stilvolle Inneneinrichtung. Und das in Zeiten der unpersönlichen Supermärkte und Discounter! Eine so vielfältige Auswahl an französischen, italienischen und deutschen Käsesorten, wie sie heute in der großen Vitrine am Eingang des Geschäftes zu bewundern ist, wird es freilich Anfang des 20. Jahrhunderts noch nicht gegeben haben. Heute liegen hier Roquefort und alter Parmigiano Seit an Seit mit reifem Albkäse

oder duftendem Elsässer Münster. Gleich daneben sind Fleischpasteten, zahlreiche Schinkensorten und Wurstprodukte aufgereiht, gar nicht zu reden von den schwäbischen Flugenten oder den Dithmarscher Gänsen, den Puten und Hähnchen aus artgerechter Aufzucht.

Doch die Traditionshandlung „J. Gaiser" hat auch Pralinen und Schokoladentrüffeln in unzähligen Varianten im Angebot, gleich daneben duftet der frisch geröstete Kaffee, verraten die freundlichen Verkäuferinnen, ob die Kaffeebohnen aus Costa Rica oder Guatemala stammen und wie lange sie geröstet wurden. Probieren ist selbstverständlich, das Zusammenstellen von individuellen Mischung und der Versand der Kaffeespezialitäten ebenso. Dem Namenszusatz „Kaffee-Rösterei" wird man hier voll gerecht.

Dass aber „Gaiser" auch zu den besten Weingeschäften Deutschlands zählt – von renommierten Weinzeitschriften ausgezeichnet – erschließt sich erst auf den zweiten Blick. Der hintere Teil des Geschäftes ist ganz den französischen Bordeaux, den italienischen Barolos, aber natürlich auch den Erzeugnissen Württemberger Spitzenwinzer gewidmet. Bei einem Probeschluck des preisgekrönten Champagners von Henri Mandois oder des neuen Beaujolais Primeur erzählt man den Kunden viel über Lagen und Rebsorten. Und bittet mehrfach im Jahr zu Weinproben, vielleicht sogar im alten Gewölbekeller unter dem Ladenlokal. Bei so viel Attraktionen kann gewiss kein Supermarkt mithalten! Übrigens auch nicht, was das bemerkenswerte Tee-Angebot des Hauses angeht. Darjeeling, Ceylon- und Assam-Tees sind in schier überwältigender Vielfalt im „Teehaus" in der Lange Straße zu bekommen. Ebenso sorgfältig ausgewählt wie Kaffee, Weine und all die anderen Köstlichkeiten eines der schönsten Delikatessengeschäfte Schwabens.

TEEHAUS GÖPPINGEN

LANGE STRASSE 36
73033 GÖPPINGEN

TELEFON 0 71 61 - 7 39 36
TELEFAX 0 71 61 - 97 64 44

GEÖFFNET:
MONTAG BIS FREITAG: 8.30 BIS 18 UHR
SAMSTAG: 8.30 BIS 16 UHR

Panorama-Hotel Café-Restaurant Honey-Do

Panorama-Hotel
Café-Restaurant Honey-Do

Im Eutenbühl 1
73037 Göppingen-Hohenstaufen

Telefon 0 71 65 – 91 09 10
Telefax 0 71 65 – 9 10 91 19

Geöffnet:
täglich 10.00 – 24.00 Uhr
Dienstag Ruhetag

Manche Gäste kommen speziell wegen des Hähnchens. Ein halbes oder ein ganzes, nach einer besonderen Methode gewürzt und zubereitet. Es gibt Tage, da sieht man auf beinahe jedem Tisch den knusprigen, duftenden Vogel, für den das Haus seit vielen Jahren berühmt ist.
Freilich ist die Hähnchenspezialität nur einer von vielen Gründen, nach Hohenstaufen zu kommen. Auch wenn die Auffahrt kurvenreich und steil ist, der Blick in die Ebene macht die Mühe vergessen und fasziniert jeden Besucher. Warum die Staufer, das legendäre Kaisergeschlecht, hier oben ihre Burg errichteten, wird schnell nachvollziehbar.
Das „Honey-Do" nutzt die bevorzugte Lage voll aus. Vom großen und durch die geschickte Aufteilung gemütlichen Gastraum lassen sich auch einen ganzen Abend lang

immer neue Schönheiten der Landschaft weit drunten entdecken, ebenso von den harmonischen Nebenräumen. Die freundlichen Mitarbeiter des Aussichtsrestaurants geben ihr Wissen gern weiter: Welche Orte unten im Tal liegen, wie die Höhenzüge ringsum heißen, und dass man bei entsprechendem Wetter schon mal ein paar hundert Kilometer weit schauen kann.
Doch was wäre die schönste Aussicht ohne das entsprechende Essen? Das Restaurant ist durchgehend geöffnet, bietet mittags einen nach Wunsch rasch servierten Lunch, am Nachmittag selbst gebackene Kuchen und Torten und abends natürlich vielfältige lukullische Schmankerln. Nicht nur das Hähnchen, nein, Inhaberfamilie Susanne Schießl-Maier reicht eine bemerkenswert auswahlreiche Karte. Frische Salate, hausgemachte Maultaschen und andere schwäbische Spezialitäten konkurrieren mit leichten, kreativen Fisch- und Fleischzubereitungen. Die großen Portionen haben sich herumgesprochen, die Sorgfalt beim Einkauf der Zutaten und der Zubereitung ebenfalls. Und wer nach einem Glas vom Neuen Wein, wie er zur Lesezeit im Herbst ausgeschenkt wird, oder einem Viertele Trollinger nicht mehr die steile Abfahrt ins Tal bewältigen mag, kann sich nach einem der komfortablen Zimmer erkundigen. Eine ruhige und entspannende Nacht ist hier gewährleistet, und das tolle Frühstück sichert einen hervorragenden Start in den Tag.

Zander und Lachs im Kartoffelmantel

Zutaten für 6 Personen

6 Zanderfilets à 120 g, ohne Haut und Gräten
6 dickere Streifen vom Lachs
blanchiertes Lauchgrün
12 dünne Scheiben Schwarzwälder Schinken
120 g Lachsfarce
Zitronensaft, Salz, Pfeffer

Für den Kartoffelteig

500 g Kartoffeln
6 EL Kartoffelstärke
4 Eigelb, Salz, Pfeffer, Muskat

Zubereitung

Zanderfilet unter einer Folie leicht plattieren, mit Zitrone beträufeln und mit Salz und Pfeffer leicht würzen.
Den blanchierten Lauch auf gleiche Größe schneiden und den Zander damit belegen.
Das Ganze nun dünn mit der Lachsfarce bestreichen, Lachsstreifen auflegen und alles zusammenrollen.
Die Zanderrolle mit dem Schinken ummanteln und in heißem Öl kurz anbraten.
Abkühlen lassen. Die frisch gekochten Kartoffeln durch die Presse drücken und abkühlen lassen.
Mit der Stärke, dem Eigelb und den Gewürzen zu einem gleichmäßigen Teig verarbeiten.
Teig sechsteln, einzeln ausrollen, mit dem Eigelb bestreichen und die Zanderrouladen gleichmäßig damit einpacken.
Nun die fertig eingepackten Zanderrouladen in heißem Öl schwimmend von allen Seiten gleichmäßig braun backen, öfter wenden.
Nach ca. 8-10 Minuten die Rouladen aus dem Fett nehmen und kurz ruhen lassen.
Schräg aufschneiden und mit tournierten Karotten, glasierten Zuckerschoten und einem leichten Rieslingsößle servieren.

Landgasthof Krone

Zufälle spielen manchmal eine große Rolle. Wer der Frage nachgeht, warum ausgerechnet in diesem hübschen Landgasthof der Wein der Lauffener Winzergenossenschaft ausgeschenkt wird, der stößt auf eine märchenhafte Geschichte aus vergangenen Zeiten. Als nämlich der Seniorchef des Hauses noch ein junger Mann war, da fuhr er von Lauffen aus mit dem Mähdrescher hinauf auf die Schwäbische Alb und traf dort die Tochter des „Kronen"-Wirtes. Die Gaststätte bestand damals schon viele Jahrzehnte und war eine der renommierten Schildwirtschaften des Ortes, besaß also keine eigene Brauerei. Jedenfalls ergab es sich, dass die beiden heirateten, gemeinsam die „Krone" führten und den Lauffener Wein in Nellingen und Umgebung bekannt machten.

Heute ist es Tochter Eva-Maria, die in der fünften Generation für die Geschicke des Hauses Verantwortung trägt. Ein Haus übrigens, das aus mehreren, geschickt miteinander verbundenen Teilen besteht. Der Empfangs- und Gastraum im Wintergartenstil

Landgasthof Krone

89191 Nellingen
Telefon 0 73 37 – 9 69 60
Telefax 0 73 37 – 96 96 96

Geöffnet:
Montag bis Samstag 7-23 Uhr, Sonntag Ruhetag. Hotel ganzjährig geöffnet.

ist ebenso luftig wie das Kaminzimmer gemütlich ist. Und ganz hinten, im Stüble, findet sich noch ein großes Gemälde mit historischem Wert. Es zeigt die „Krone", wie sie sich im vorletzten Jahrhundert präsentierte. Während damals vor allem die Einheimischen zum Bier kamen, sind es heute Durchreisende, Geschäftsleute, Familien von nah und fern sowie Seminargäste, welche die nahe Autobahn für einen kurzen kulinarischen Stop verlassen. Der Gasthof befindet sich nur drei Kilometer von der Anschlussstelle Merklingen entfernt. In der „Krone" können sie sich an einer sättigenden Vesperplatte mit selbst gebackenem Bauernbrot gütlich tun, die traditionellen Kutteln mit Bratkartoffeln bestellen oder die geschmacklichen Feinheiten eines Jungschweinbratens mit Dunkelbiersauce kennen lernen. Die Chefin berät selbst und zeigt den Gästen auch gern eines der 40 komfortablen Zimmer des Hauses.

Wer dann die Entscheidung trifft, hier für eine Nacht oder gar länger zu verweilen, der sollte auch den eigenen Hofladen im Nachbardorf aufsuchen. Eva-Marias Mann Hans-Gerhard Fink führt dort die Regie, füttert die artgerecht gehaltenen Tiere und bietet alle Köstlichkeiten zum Verkauf, wie sie die Schwäbische Alb bietet. Most aus eigenem Anbau, Käse und Milch, Honig und Kartoffeln, auch Fleisch und Wurstwaren aus eigener Schlachtung. Eines ist sicher – zufällig entsteht solche Qualität nicht!

Nellingen

Kronenpfännle

Zutaten

3 Stück Filetmedaillons (Rind, Schwein, Truthahn)
1 dl Bratensaft
50 g frische Steinchampignons
1 kleine Schalotte
kleines Marktgemüse (grüner Stangenspargel)
1 dl Sahne 33% Fettgehalt
180 g hausgemachte Spätzle
1 dl Sonnenblumenöl
50 g Butter

Zubereitung

Filetstücke würzen, leicht klopfen und ca. 5 Minuten bei 180 °C mit Sonnenblumenöl auf dem Grill braten. Bei ca. 80 °C im Backofen ruhen lassen. Butter in zwei Stieltöpfe geben, aufschäumen lassen und das Gemüse in dem einen, die Spätzle in dem anderen Stieltopf erhitzen. Abschmecken mit Kräutersalz und Muskat (Spätzle). Dann das Gemüse kreisrund in einem Eisenpfännchen anrichten, die Filets in die Mitte geben, den vorbereiteten Bratensaft heiß darüber geben, mit cremigen Rahmchampignons, einem Tupfer Sauce Hollandaise und Röstzwiebeln nappieren.

Oberbauer's Hofladen
Geislinger Strasse 9
89191 Nellingen-Oppingen

Telefon 0 73 37 – 71 70
Telefax 0 73 37 – 66 90

Geöffnet
Freietag 13–20 Uhr,
Samstag 9–13 Uhr

Hotel Fortuna Schwäbisch Gmünd

Wohl fühlen kann man sich in dem hübschen Städtchen im Norden der Schwäbischen Alb – und findet hier jenen Service, für den sich die „Fortuna"-Hotels längst einen Namen gemacht haben. Geschäftsleute und Urlauber, Tagungsgäste und Liebhaber einer kreativen Küche wissen das Haus gleichermaßen zu schätzen.
Übernachten lässt sich im „Fortuna" in insgesamt 180 Betten in großzügigen Zimmern oder zwei exklusiven Suiten. Zur Erholung steht allen Gästen ein Wellnessbereich offen, der auch beim zweiten oder dritten Besuch Neues entdecken lässt. Nebeldusche oder Whirlpools, Vitarium oder eine vielfältige Saunalandschaft helfen, die beim Mittag- oder Abendessen zu sich genommenen Kalorien abzutrainieren.

Hotel Fortuna Schwäbisch Gmünd

Am Stadtgarten – Hauberweg
73525 Schwäbisch Gmünd

Telefon 0 7171 - 10 90
Telefax 0 7171 - 10 91 13

Es soll Menschen geben, und gar nicht so wenige, die wollen eigentlich nach Stuttgart, bevorzugen aber eine Übernachtung draußen auf dem Lande oder in einer kleineren Stadt. Wo es natürlich auch an Komfort nicht mangeln sollte, wo man jedoch der Hektik der schwäbischen Metropole ent gehen kann.
Aber es gibt natürlich noch andere Gründe, weshalb sich im „Fortuna Hotel Schwäbisch Gmünd" so viele Stammgäste einfinden.

Das Restaurant nämlich überrascht bereits mit seinem mediterran-leichten Ambiente samt einer der schönsten Terrassen der Gegend. Unmittelbar an der Rems gelegen, ist diese Freiluft-Speisemöglichkeit im Sommer ein Muss für Einheimische und Zugereiste. Aber egal ob drinnen oder draußen, die Küche bietet schwäbische Spezialitäten von Zwiebelrostbraten bis Maultaschen, frischen Fisch und saisonale Kreationen mit Pilzen, Lamm, Gänsen. Eine Rundum-Erholung vom Alltagsstress!

Lammrücken mit Kräuterkruste

Zutaten für 4 Personen

3 Lammlachse, Salz zum Würzen, Pfeffer, 1 EL Butterschmalz, 2 Zehen Knoblauch, 1 Tasse Semmelbrösel,
3 EL Senf (mittelscharf), 2 Bund Kräuter, 125 ml Weißwein, 1 Becher Schlagsahne

Für das Kartoffelgratin

800 g Kartoffeln, 350 ml Sahne, Salz, Pfeffer, Muskat, Knoblauch

Für das Ratatouillegemüse

1 Aubergine, 1 Zucchini, je 1 Paprika grün, gelb und rot, 1-2 Knoblauchzehen, Olivenöl, 1 kleine Dose Schältomaten, Salz, Pfeffer

Zubereitung

Das Fleisch mit Pfeffer, Salz und den zerdrückten Knoblauchzehen einreiben. Butterschmalz in einem Bräter erhitzen und das Fleisch von allen Seiten darin kurz anbraten. Mit Wasser ablöschen und etwa zehn Minuten bei 200 Grad im Backofen braten.
Die Zutaten für die Kräuterkruste (Semmelbrösel, Senf, Kräuter) vermengen und das Fleisch damit bestreichen, eventuell das Lammfleisch kurz aus dem Ofen nehmen. Dann weitere zehn Minuten im Ofen weiterbraten. Herausnehmen und warm stellen. Den Bratenfond mit Weißwein ablöschen, Sahne zugeben und etwas einkochen lassen.
Für das Kartoffelgratin die Kartoffeln schälen und in feine Scheiben schneiden. Eine Auflaufform ausbuttern und den fein gewürfelten Knoblauch (je nach Geschmack) einstreuen. Nun die Kartoffelscheiben einschichten.
Die Sahne mit Salz, Pfeffer und Muskat würzen und über die Kartoffeln gießen. Die Form bei ca. 180 Grad etwa 30 bis 40 Minuten im vorgeheizten Ofen backen.
Für das Ratatouillegemüse Auberginen, Zucchini und Paprika waschen (bei der Paprika das Kerngehäuse entfernen). Das Gemüse würfeln.
In einem Topf oder einer Pfanne das Olivenöl erhitzen und die in Würfel geschnittenen Zwiebeln und den Knoblauch anschwitzen. Nun das in Würfel geschnittene Gemüse zugeben und leicht anbraten, die pürierten Schältomaten hinzugeben. Das ganze ca. fünf Minuten zusammen schmoren lassen. Anschließend mit Salz und Pfeffer würzen.

Das Remstal und der Norden

Nicht alles, aber vieles dreht sich im Remstal um Wein. Um Spätburgunder und Lemberger, Kerner und Riesling sowie all die andere Rebsorten Württembergs. Einige sind so typisch schwäbisch, dass sie außerhalb des Ländle kaum oder gar nicht angebaut werden – so der schon sprichwörtliche Trollinger, der Brot- und Butterwein der „Viertelsschlotzer". Fruchtig, leicht, hellrot und unkompliziert – der Trollinger eines qualitätsbewussten Winzers kann eine echte Delikatesse sein. Kein Wunder, dass die Einheimischen ihn am liebsten selbst trinken und nur geringe Mengen außerhalb Württembergs gelangen lassen. Ähnliches gilt übrigens auch für den Schillerwein, jene hellrötlich schillernde Mischung aus weißen und roten Trauben – so schwäbisch wie Spätzle und Maultaschen.

Das von Reben und Wald geprägte Remstal freilich, mit seinen Gemeinden wie Kernen, Fellbach oder Weinstadt, stellt nur einen Teil der württembergischen Weinbauregion dar. Auch entlang des Neckar, von Stuttgart bis Heilbronn, ziehen sich Weinberge, liegen

romantische Städtchen und charmante Winzerdörfer eng beisammen. Marbach am Neckar, Bietigheim-Bissingen, Ludwigsburg oder Lauffen gehören zu den sehenswertesten Orten des Landes – und an traditionsreichen Restaurants mangelt es in keinem von ihnen. Landgasthöfe mit Jahrhunderte alter Geschichte sind aber auch abseits der Weinbaugebiete zu entdecken, zwischen Backnang und Schwäbisch Hall, im nordöstlichen Teil Schwabens.

Wer immer geglaubt hat, dass sich schwäbische Kultur nur in Stuttgart manifestiert, der wird im Norden eines Besseren belehrt. Mit gutem Wein und urtümlich-ländlicher Küche!

Weingut Heid

Manchmal entspricht die Realität ganz und gar nicht den Erwartungen. Weingüter, so die Vorstellung der meisten Kenner, befinden sich weit draußen auf dem Lande, allenfalls in kleinen Dörfern, aber doch nicht mitten in einem lebendigen Städtchen! Doch in Fellbach ist alles ganz anders, wie das Weingut Markus Heid seit langem beweist. Inmitten der engen Straßen des Remstal-Ortes, nur wenige Kilometer von der Stuttgarter Innenstadt entfernt, arbeiten die Heids alles andere als ländlich. Nicht ganz einfach, wenn im Herbst die Trauben angeliefert werden müssen und sich der Traktor erst den Weg quer durch Fellbach bahnen muss. Doch das Stammhaus zu verlassen, kam Daniela und Markus Heid nie in den Sinn.

Als 1699 Urahn Jakob Melchisedec Heid hier die ersten Weinberge erwarb, war Fellbach allerdings wirklich noch ein Dorf. Seit dieser Zeit wird die Tradition des Weingutes aufrecht erhalten, inzwischen in der zehnten Generation. Daniela und Markus Heid bewahren die überlieferten Qualitätsmaßstäbe, bringen freilich auch neue Ideen ein. Den Trollinger etwa, die Brot- und Buttersorte der Schwaben, bauen sie auch schon mal zu einem fruchtigen, komplexen Tropfen aus, der traditionellen Maischeegärung sei Dank. Mit den harmlosen Weinen gleichen Namens, wie sie in Württemberg allzu oft angeboten werden, haben die Heidschen Edeltrollinger nichts gemein.

Doch im neu eingerichteten Verkostungsraum, modern, elegant und für seine Architektur bereits ausgezeichnet, lassen sich auch die anderen Erzeugnisse des viereinhalb Hektar Weinberge umfassenden Gutes probieren. Rotweine von den Fellbacher Spitzenlagen Lämmler und Goldberg und aus Sorten wie Lemberger,

Weingut Heid

Cannstatter Strasse 13/2
70734 Fellbach

Telefon 07 11 – 58 41 12
Telefax 07 11 – 58 37 61

aromatische Trauben sind den Heids eben wichtiger als hoher Ertrag. Schonende Kelterung, langsame Vergärung und lange Lagerzeit auf der Feinhefe gehören ebenfalls zu einer Philosophie, die in der nationalen und internationalen Presse längst für Aufmerksamkeit gesorgt hat. Die Preise freilich, die sind im Weingut Heid bescheiden geblieben, für Weine, selbst gebrannte Tresterbrände oder den wunderbar fruchtigen, duftigen Rosé-Sekt aus der Rebsorte Trollinger. Flaschenvergoren und ganz anders, als man gedacht hatte. Aber genau das ist eben typisch Heid.

Spätburgunder oder dem pilzresistenten Regent. Weißweine wie der frische Rivaner, die Cuvée aus Sauvignon blanc und Riesling oder der barriquegereifte Kerner, benannt nach dem schwäbischen Dichter Justinus Kerner. Im hübschen Gewölbekeller aus dem 17. Jahrhundert, der auch für kulinarische-literarische Veranstaltungen während der Fellbacher Märchentage genutzt wird, lagern überdies so rare Spitzenweine wie die nach dem Weingutsgründer benannte Rotwein-Cuvée „Melchisedec" oder ein Kerner Eiswein mit über 200 Grad Öchsle. Besonderes für die besonderen Gelegenheit im Leben.

Dass Markus Heid aber auch im Alltag kein Winzer wie jeder andere ist, merkt man spätesten im persönlichen Gespräch. Einklang von Umwelt und Mensch ist für ihn ein Thema, ökologischer Pflanzenschutz spielt eine wichtige Rolle im Weingut. Gesunde,

Restaurant Gasthof Lamm

Restaurant Gasthof Lamm
Terrasse Wintergarten
Partyservice

Hauptstrasse 44
71394 Kernen-Rommelshausen

Telefon 0 71 51 - 4 13 52
Telefax 0 71 51 - 4 81 61

Geöffnet:
Warme Küche 12.00-14.00 Uhr und 17.30–21.30 Uhr
Dienstag und Mittwoch Ruhetage.
Für Veranstaltung ab 20 Personen auch an Ruhetagen geöffnet.

Schwäbischer geht es gar nicht! Kernen gehört zu den sympathischsten und typischsten Städtchen im Remstal, der Weinbauregion vor den Toren Stuttgarts. Und das „Lamm" zählt ohne Frage zu jenen Gasthöfen, die Schwaben so unverwechselbar machen!
Ulrike und Friederich Schmid haben daran einen großen Anteil. Den Betrieb im Zentrum des Ortes, seit 70 Jahren im Familienbesitz, haben sie behutsam ausgebaut zu einem Gasthof, der Besucher der Umgebung ebenso begrüßt wie Feinschmecker aus Stuttgart. Der neu gestaltete Wintergarten erlaubt ein lichtes Mittag- oder Abendessen zu zweit oder in größerer Gesellschaft. Andere Gäste reservieren ausdrücklich in einer der gemütlichen Stuben, die mit viel Holz und Charme eingerichtet wurden.
Hier serviert Ulrike Schmid ihren Gästen die besten Trollinger, Lemberger oder Rieslinge der mehr oder weniger berühmten Winzer des Remstals. Wer sich nicht entscheiden kann zwischen süffigem halbtrockenem Rotwein aus der Nachbarschaft oder barriquegereiftem Edelgewächs von Winzer-Star Karl Haidle, der darf natürlich einen Gratis-Probeschluck kosten.
Ebenso vielfältig wie die Weinkarte ist das Speisenangebot. Preiswerte Mittagsgerichte, frische Salate oder saisonale Spezialitäten mit schwäbischem Einschlag werden in der Küche des Chefs nach Bestellung frisch zubereitet. Die Klassiker der schwäbischen Küche wie handgeschabte Spätzle, saure Nierle, Kalbshaxe oder Zwiebelrostbraten

gehören zu den unverwechselbaren Highlights im „Lamm", doch Friedrich Schmid, der in seiner Laufbahn schon bei „Käfer" in München oder in „Mönchs Posthotel" gearbeitet hat, beherrscht auch die italienische oder französische Küche – und sein herbstlich gewürztes Kürbissüppchen ist legendär. Immer größeren Zuspruch erfährt der Partyservice vom „Lamm", entsprechend variantenreich sind daher auch die Menü- und Büffetvorschläge. Die persönliche und individuelle Beratung werden sehr geschätzt. Eine kleine oder größere Feier im „Lamm" oder zu Hause wird in jedem Fall zum kulinarischen Ereignis.

Schaumiges Kürbissüppchen mit Scampi

Zutaten für 4 Personen

800 g geschälter, gewürfelter Suppenkürbis
1 kleine Zwiebel
2 kleine Knoblauchzehen
60 g Butter, 20 g Mehl
Salz, Cayenne-Pfeffer, Curry, Ingwer, Zucker, Muskat
1/8 l süßer Weißwein
1/2 l Milch, 1/4 l Sahne
1/2 l Geflügel- oder Gemüsefond
2 EL Kürbiskerne
gezupfte Kerbelblättchen oder Blattpetersilie zur Garnitur
8 große Scampi, roh und ohne Schale
Öl zum Braten

Zubereitung

Butter, Zwiebeln und Knoblauch ohne Farbe andünsten, Kürbis zugeben und mit Mehl bestäuben. Mit dem Weißwein ablöschen und dem Fond aufkochen, danach die Milch zugeben und würzen. Die Scampi in sehr heißem Öl kurz braten und mittig einschneiden, warm stellen.
Die Kürbiskerne im Grill leicht anrösten und salzen. Wenn der Kürbis weich ist, die Suppe im Mixer fein pürieren und durch ein Sieb passieren. Die Sahne halbsteif schlagen, und unter die Suppe ziehen.
In vorgewärmten Tellern anrichten und mit den Scampi, Kürbiskernen und Kerbel ausgarnieren.

Weinstube Moiakäfer

Weinstube Moiakäfer
Restaurant und Catering

Rommelshauserstrasse 9
70734 Fellbach

Telefon 07 11 – 5 78 15 15

Geöffnet:
Montag bis Freitag 17.30-24.00 Uhr,
Samstag und Sonntag geöffnet für
grosse und kleinere Feierlichkeiten

„Holger Schmidt, Küchenmeister" steht da schlicht und einfach an der Tür der Weinstube. Nicht selbstverständlich für ein Weinlokal, dass da einer hinter dem Herd steht, der das Kochen von der Pike auf gelernt hat. Der Tag für Tag selbst in den Töpfen rührt, das Gemüse schneidet, Fleisch und Fisch einkauft und fast alles selbst macht, was sich selbst machen lässt.
In dieser außergewöhnlichen Weinstube ist also nichts so, wie man es von anderen Lokalen der Gattung gewohnt ist. Unter den vielen Stammkunden aus dem Weinbaustädtchen Fellbach, aus dem ganzen Remstal oder aus Stuttgart hat sich die Qualität das „Maikäfers" herumgesprochen – und so heißt es reservieren, wenn man in den Genuss der Schmidtschen Küchen-Kreationen kommen will. Zumal der mit unzähligen Koch- und Weinbüchern dekorierte Gastraum nicht gerade groß ist – die Tische stehen eng beieinander. Doch nicht verzagen, wenn man die Reservierung vergessen hat und es beim Eintreten gar zu voll aussieht: Der Patron versucht sein Möglichstes und sucht ein freies Plätzchen: Man kommt also schnell ins Gespräch in dieser schwäbischen Weinstube – es sei denn, man bucht ausdrücklich einen Platz im intimen Nebenraum.
Holger Schmidt kümmert sich, wann immer es seine Zeit erlaubt, persönlich um die Genießer, empfiehlt ihnen den würzigen

Riesling oder einen kraftvollen Lemberger von den besten Fellbacher Winzern. Der Wein nämlich ist, neben dem Essen, die zweite Attraktion des „Moaikäfers"! Glas- oder flaschenweise lässt sich hier ein Streifzug durch die Vielfalt der Remstal-Rebsorten unternehmen, lassen sich die Unterschiede zwischen Trollinger und seiner Mutation Muskattrollinger erschmecken – oder reife Spitzenrotweine verkosten. Aldinger, Heid oder Schnaitmann heißen einige der namhaften Erzeuger des Ortes.
Wer dazu nur eine Kleinigkeit schlemmen möchte, könnte sich den legendären Brotkuchen des Küchenmeisters Schmidt bestellen. Ein luftiger Prügelteig, mit Käse oder Schinken überbacken und knusprig-warm für einen allein als Hauptgang oder für mehrere als Vorspeise oder auch mal als deftiger Nachtisch serviert – einfach genial! Mit schwäbischen Klassikern wie hausgemachten Kässpätzle, Schupfnudeln oder den Sauren Kutteln in einer dunklen Rotweinsauce kennt sich der Chef natürlich aus, frische Salate, köstliche Steaks oder saisonale Fisch- und Wildgerichte bekommt man im „Moiakäfer" ebenfalls in Perfektion. Die Geschichte des ungewöhnlichen Namens übrigens, die erzählt der Chef gern: Als einst nämlich die Fellbacher Jagdtreiber angetreten und besonders akkurat gekleidet waren, soll der adlige Jagdherr ausgerufen haben: „Einer sieht dem anderen gleich wie die Maikäfer".

Entrecôtes unter der Kräuter-Senf-Kruste an glasierten Schalotten in Rotwein-Pfeffer-Butter

Zutaten für 4 Personen

vier Entrecôtes à 220 g (leicht marmoriert)

Für die Kruste

220 g Semmelmehl, 2 EL Senf mittelscharf, 2 EL Speiseöl oder ausgelassenes Ochsenmark, Salz, Pfeffer, frisch und grob gemahlen, Rosmarin und Thymian

Für die Schalottenbutter

8 rote Schalotten, 150 g Butter (kalte Flocken), 2 EL Speiseöl, 50 g eingelegter grüner Pfeffer, 1/8 l kräftiger Rotwein, 1/8 l Bratensauce bzw. kräftiger Fond, ungebunden

Zubereitung

Entrecôtes salzen und pfeffern, leicht plattieren, von beiden Seiten in heißem Öl anbraten.Mit der Hälfte der Kräuter bestreuen und im vorgeheizten Backofen bei ca. 180 °C (Umluft) 4 Minuten ziehen lassen.
Für die Senfkruste alle restlichen Zutaten vermengen, auf die Oberseite der Steaks geben und nochmals ca. 3-4 Minuten im Backofen überbacken.
Für die Rotwein-Schalotten-Butter die geschälten Schalotten in vier Teile schneiden und in Öl glasig anrösten. Mit Salz, Pfeffer, eingelegtem Pfeffer, Rosmarin und Thymian abschmecken und mit Rotwein und Bratenfond ablöschen. Das Rotwein-Schalotten-Ragout einkochen lassen und mit den gekühlten Butterflocken glasieren (verfeinern und abbinden).
Dazu reichen wir Kartoffel-Zucchini-Gratin oder hausgemachte Spätzle.
Weinempfehlung: ein kräftiger trockener Rotwein aus Württemberg, z.B. Trollinger mit Lemberger.

Die schwäbische Märchenerzählerin

Sigrid Früh

Hauptstrasse 40
71394 Kernen

Telefon 0 71 51 – 4 13 05
Telefax 0 71 51 – 4 28 87

Nein, leichtfertig sollte man nicht von der Profession auf die Person schließen. Obwohl sich Sigrid Früh hauptberuflich mit Märchen und Sagen beschäftigt, ist sie eine durch und durch bodenständige Schwäbin, eng verbunden mit ihrer Heimat. Sagenhaft allerdings ist die Erzählkunst der wohl bekanntesten Märchenerzählerin Deutschlands. Wenn Sigrid Früh erst einmal beginnt mit den Berichten über Hexen, weise Frauen, halb erblindete Katzen und lange zurückliegende Begebenheiten, dann bleibt einem nichts anderes übrig als ... staunend zu lauschen. Nicht nur die Kleinsten sind es allerdings, die gebannt dem Lächeln und der übersprudelnden Erzählweise der im Rems-Murr-Kreis geborenen Sigrid Früh folgen. Auch Erwachsene im Großraum Stuttgart, im Emsland, in Berlin oder dem europäischen Ausland lassen sich bei ihren Vorträgen und Lesungen gern für einige Minuten, für ein oder zwei Stunden hineinversetzen in eine märchenhafte, in Zeiten von Internet und Fernsehen beinah vergessene Welt. Vielleicht waren Fabulierkunst, Sammelleidenschaft und Freude an der Sprache der 1935 geborenen Sigrid Früh ja schon in die Wiege gelegt. Schließlich ist die heute weit über Schwaben hinaus bekannte Märchen- und Sagenforscherin eine Nachfahrin des schwäbischen Nationaldichters Justinus Kerner. Nach einem Studium der Germanistik und der Volkskunde in Tübingen und Zürich war der Weg zu Sagen und Märchen fast schon vorgezeichnet. Jedenfalls ist die lebendige, vor Begeisterung nur so sprühende Schwäbin nun schon seit Jahrzehnten unterwegs im gesamten deutschsprachigen Raum, um versunkene Sagen und Mythen aufzuspüren und alte Bücher zu sammeln. Die Unterschiede zwischen den Märchen Norddeutschlands, des Elsass oder der Schweiz sind groß – doch Essen und Trinken spielen

in vielen von ihnen eine Rolle. In den schwäbischen Sagen ist es, neben vielen anderen Genüssen, natürlich der Wein, der die Protagonisten auf ihren märchenhaften Pfaden begleitet. Kein Wunder, dass Sigrid Früh zusammen mit dem Kollegen Wolfgang Schultze bereits eine eigene Tagung zum Thema „Essen und Trinken im Märchen“ veranstaltet und, neben vielen anderen Veröffentlichungen, ein kulinarisches Märchenbuch geschrieben hat. Wer Sigrid Früh in einer der gemütlichen Weinstuben des Remstals trifft – und das ist gar nicht so schwierig! –, der könnte zwischen Kutteln und Rostbraten mehr erfahren zu diesem Thema. Vielleicht bei einem Glas Kerner, einem Wein aus jener schwäbischen Neuzüchtung, die nach Urahn Justinus Kerner benannt wurde.

Das schwäbische Hutzelbrot – oder Schnitzbrot – (siehe Rezpt) ist auch in die hohe Birnen Literatur eingegangen. In Eduard Mörikes „Das Stuttgarter Hutzelmännchen“ spielt es eine große Rolle: „ ... und statt der Suppe aß er gleich ein tüchtiges Stück Schnitzbrot in währendem Gehen. So etwas hatte er noch niemals über seinen Mund gebracht, wohl aber oft von seiner Großmutter gehört, daß sie einmal in ihrer Jugend bei einer Nachbarsfrau ein Stücklein vom Echten bekommen, und daß es eine Ungüte von Brot drum sein.“

Hutzelbrot oder Schnitzbrot (nach einem alten Familienrezept)

Zutaten

1 1/4 Pfund Weizen oder Dinkelmehl
60 g Hefe, 1 EL Zucker, 1 Prise Salz
1 Pfund gedörrte Birnen (Hutzeln)
1 Pfund gedörrte Zwetschgen
1 Pfund gedörrte Feigen
1 Pfund, zu gleichen Teilen gemischt, Rosinen, Sultaninen und Korinthen
1 Pfund, zu gleichen Teilen gemischt, Mandeln, Haselnüsse und Wallnüsse
100 g Zitronat, 50 g Orangeat
30 g Zimt, 1 geh. TL Anis, 1 geh. TL Fenchel, 1 geh. Messerspitze gemahlene Nelken, 1 Messerspitze Cardamon, 1 Messerspitze Piment, 1 Messerspitze Koriander, 1 Glas Kirschwasser

Zubereitung

Birnen 12 Stunden vorher in Wasser aufkochen, die Zwetschgen dazugeben und ruhen lassen. Aus Mehl, Hefe, Zucker und Salz mit 1 Tasse Schnitzbrühe (Brühe aus den aufgekochten Birnen) einen Vorteig rühren. Über Nacht an einem warmen Ort gehen lassen.
Alle Früchte, auch das Zitronat und Orangeat, kleinschneiden, Nüsse, Mandeln und Wallnüsse hacken. Mit den Gewürzen unter den Teig mischen und einen festen Teig kneten. Wenn notwendig, etwas von der Schnitzbrühe verwenden.
Den gut gekneteten Teig leicht mit Mehl bestäubt in der Wärme 4 – 7 Stunde gehen lassen. Laibe formen und nochmals 20-30 Minuten gehen lassen. Mit Schnitzbrühe bestreichen und bei ca. 200 °C 60-90 Min. backen. Noch warm etliche Male mit Schnitzbrühe bestreichen, damit der typische Glanz entstehen kann.

Remstalkellerei

Wenn eine Kellerei als Adresse „Weinstadt“ angibt, dann ist damit schon vieles gesagt. Im Ortsteil Beutelsbach und dessen Nachbargemeinden, ja, im gesamten Remstal zwischen Waiblingen und Schorndorf, dreht sich eben vieles um den Wein. Um Trollinger und Lemberger, aber auch um all die anderen typischen Rebsorten Württembergs.

Die „Remstalkellerei“ hat sie fast alle im Angebot, die außerhalb des Ländles oft kaum bekannten Varianten weißer und roter Weine. Seit über 60 Jahren hat sich dieser Zusammenschluss von elf Genossenschaften verdient gemacht um schwäbische Weinkultur. Rund 1.500 Weingärtner – wie sich hier die Winzer nennen – liefern heute Trauben ins hochmoderne Beutelsbacher Kellereigebäude. Zwischen September und November werden sie hier in einer der vielen Keltern schonend gepresst und im größten Fassweinkeller Württembergs vergoren und gereift.

Remstalkellerei

Kaiserstrasse 13
71384 Weinstadt-Beutelsbach

Telefon 0 71 51 – 6 90 80
Telefax 0 71 51 – 69 08 38

Geöffnet:
Montag bis Freitag 9 bis 18 Uhr,
Samstag 9 bis 13 Uhr

Doch das sind nur die „harten Fakten“ des vielleicht bedeutendsten Weinbaubetriebes im Anbaugebiet Württemberg. Was nach behutsamer Filterung schließlich in die Flaschen gefüllt wird, kann der Besucher im eindrucksvollen Weinpavillon der „Remstalkellerei“ in aller Ruhe selbst verkosten. Im Herbst wird hier der „Neue Wein“ feilgeboten, der angegorene Traubenmost in weiß oder rot – doch Hauptsache sind natürlich die rund 150 verschiedenen „fertigen“ Weine des außergewöhnlichen Angebotes.
Neueste Jahrgänge oder lange gereifte Raritäten, trockene „Schlotzweine“ in der Literflasche oder edelsüße Beerenauslesen – im Weinpavillon sind sie zur Probe aufgereiht, die so typisch schwäbischen Sorten wie Lemberger und Samtrot, Muskat-Trollinger und Kerner.
Doch so sehr man in Beutelsbach Wert legt auf Tradition und über viele Jahrzehnte bewährte Ausbaumethoden – so aufgeschlossen steht man neuen Techniken gegenüber. Hochwertige Barriqueweine, von den besten Lagen aus niedrigen Erträgen gewonnen und in kleinen Holzfässern ausgebaut, bereichern das Angebot der Festtags-Tropfen. Und mit krankheitsresistenten Varianten wie Regent oder Acolon hat man bereits Erfahrungen gesammelt in einer der kreativsten Kellereien Württembergs.

8. Triennale
Kleinplastik
Fellbach
2001
Vor-Sicht Rück-Sicht
Alte Kelter
21. Juli bis
21. Oktober
2001
Alte Kelter

Eigentlich kommen sie alle. Die Stuttgarter, wenn sie keine Lust mehr auf Großstadt haben und für ein paar Stunden hinaus aufs Land wollen. Die Touristen aus der ganzen Welt auf der Suche nach Erholung und Ruhe. Und natürlich die Weinliebhaber, die ganz genau wissen, wie vielfältig die hier gekelterten Rebensäfte schmecken. Auf der Route durchs Tal der Rems kommt mit Sicherheit jeder Besucher auf seine Kosten.

Mit ihren rund 80 Kilometern Länge und zehn Mitgliedsgemeinden bietet die „Remstal-Route“ schließlich ausreichend Platz für lange Wanderungen, Fahrradtouren oder die Erkundung mit dem Wagen. Letzteres ist besonders dann praktisch, wenn man bei einem der viele Winzer Station machen und nach einer Weinprobe die eine oder andere Flasche mitnehmen möchte. Kein Problem, die Weinbaubetriebe empfangen Interessenten gern nach Voranmeldung zu einer völlig unverbindlichen Verkostung. Doch Wein ist natürlich nicht die einzige Attraktion in diesem Tal vor den Toren der schwäbischen Hauptstadt. Der Kontrast ist es, der die Landschaft so einzigartig macht. Urige Dörfer mit gut erhaltenen Fachwerkhäusern, lebendige Kleinstädte, Wälder, Burgen, Weinberge und Wiesen wechseln ab und lassen auch beim dritten, vierten oder fünften Besuch der Remstal-Route Neues entdecken.

Eine eigentliche Remstal-Hauptstadt gibt es zwar nicht, doch wird dem Besucher auf den Ortsschildern immer wieder der Name Weinstadt begegnen. Unter diesem Begriff schlossen sich vor einem guten Vierteljahrhundert einige traditionsreiche Weinbaugemeinden des Remstals zusammen: Großheppach,

Die Remstal-Route

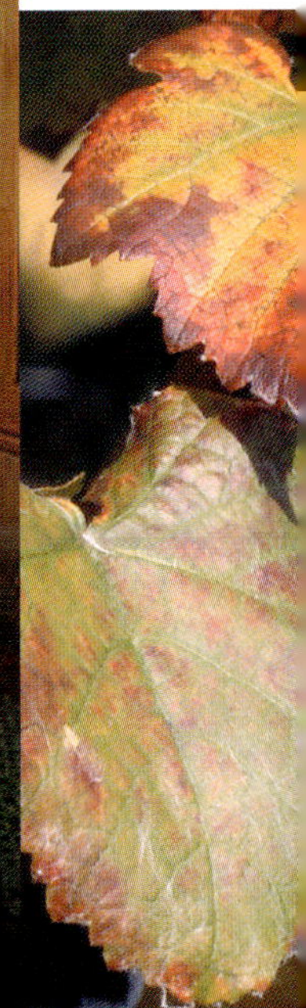

Endersbach, Strümpfelbach, Beutelsbach und Schnait. Was dazu führte, dass Weinstadt heute nicht nur ein Ortszentrum besitzt, sondern deren gleich mehrere. Den Namen der Weinstadt Weinstadt muss man eigentlich nicht weiter erläutern – hier spielt der Wein eine seit Jahrhunderten führende Rolle, hier hat mit der „Remstalkellerei" die größte der württembergischen Weingärtnergenossenschaften ihren Sitz. Ob es die württembergischen Traditionssorten wie Trollinger oder Kerner sind, die zu süf-figen Rot- oder Weißweinen ausgebaut werden, ob sich die Winzer an Lemberger oder Riesling wagen – die in Weinstadt ausgebauten Gewächse können mit denen anderer Württemberger Lagen leicht mithalten.

Das gilt natürlich auch für Fellbach mit seinen bekannten Lagen wie Herzogenberg, Gips oder – weithin geschätzt für seine rassigen Gewächse - Lämmer. Nicht nur mit den klassischen Rebsorten experimentieren die ideenreichen Weinmacher hier wie anderswo, sie haben auch neue Varianten ins Programm genommen. Cabernet

Sauvignon, Merlot oder Sauvignon blanc beweisen, dass man aus den eigentlich französischen Traubensorten auch im Remstal kraftvolle Rote oder Weiße herstellen kann – das kleine Holzfass namens Barrique trägt mit dazu bei, solchen Weinen Körper und Struktur für lange Lagerung zu verleihen. Die

Württemberger Neuzüchtungen wie Cabernet Dorsa, aber auch fast vergessene Traditionssorten wie der ungeheuer aromatische Muskattrollinger ergänzen des Sortiment – in Fellbach wie in Kernen: Den Zusammenschluss von Stetten und Rommelshausen haben vor allem seine Weine berühmt gemacht, beileibe nicht nur der Kerner, jene nach dem schwäbischen Dichter Justinus Kerner benannte Neuzüchtung. Die Gemeinde ist sowohl für ihren Weinlehrpfad bekannt als auch für Lagen wie Stettener Brotwasser oder Stettener Pulvermächer. Während der eine Name an notwendige Sprengarbeiten erinnert, soll der Wein der anderen Lage schon vor Jahrhunderten so gut gewesen sein, dass man das Brot hinein tunkte.

Wein und schwäbische Schmankerln von Käsespätzle über Kutteln bis zum knusprigen Zwiebelrostbraten werden in den zahlreichen Gasthäusern der „Remstal-Route" serviert – in traditionsgemäß großen Portionen. Ob es eine rustikale Weinstube ist,

ein Restaurant mit Feinschmecker-Ambitionen oder eine der vielen Besenwirtschaften der Winzer – die Route ist auch eine Straße der kulinarischen Erlebnisse. Zum Beispiel im hübschen Winterbach, einer der ältesten Siedlungen des Remstals, in der lebendigen Einkaufs- und Freizeit-Stadt Waiblingen, dessen Stadtkern zu großen Teilen unter Denkmalschutz steht, oder in Winnenden mit seinem bewundernswerten Fachwerk-Ensemble. Den historischen Stadtrundgang durch Schorndorf könnte ein Besuch des Daimler-Museums beschließen – der große Automobil-Erfinder kam innerhalb der Stadtmauern zur Welt. Hier wie in Aichwald, Korb, Winterbach oder Remshalden, den anderen, ebenso charmanten wie sehenswerten Gemeinden des Remstals, weiß man übrigens rund ums Jahr zu feiern. Im Sommer und Herbst vergeht kaum ein Wochenende ohne Weinfest, auf dem sich Einheimische und Besucher der „Remstal-Route" besonders schnell kennen lernen!

DIE REMSTAL-ROUTE

Verkehrsverein Remstal-Route e.V.
GF Eugen Bücheler
Bahnhofstrasse 21
71384 Weinstadt-Endersbach
Telefon 0 71 51 – 2 76 50 47
Telefax 0 71 51 – 2 76 50 48www.remstal-route.de
oder wein@remstal-route.de

Haus der Weine in der Alten Kelter Fellbach
Untertürkheimer Straße 33
Geöffnet: Donnerstag und Freitag 17 bis 21 Uhr, Sonntag 15 bis 19 Uhr sowie nach Vereinbarung

Die Gemeinden der Remstal-Route

Aichwald, Gemeinde Aichwald
Seestraße 8
73773 Aichwald
Telefon 07 11 – 36 90 90
Telefax 07 11 – 3 69 09 18

Fellbach, Pressereferat\
Marktplatz 3
70734 Fellbach
Telefon 07 11 – 5 85 12 42
Telefax 07 11 – 5 85 12 60

Kernen, Bürgermeisteramt
Stettener Straße 12
71394 Kernen im Remstal
Telefon 0 71 51 – 4 01 41 37
Telefax 0 71 51 – 4 01 41 25
Internet: www.kernen.de
eMail: rathaus@kernen.kdrs.de

Korb, Bürgermeisteramt
J.-F.-Weishaar-Straße 7-9
71404 Korb
Telefon 0 71 51 – 9 33 40
Telefax 0 71 51 – 93 34 23
Internet: www.korb.de
eMail: gemeinde@korb.kdrs.de

Remshalden
Rathausstraße 24
Geradstetten
73630 Remshalden
Telefon 0 71 51 – 9 73 10
Telefax 0 71 51 – 9 73 11 24
Internet: www.remshalden.de
eMail: Gemeindeverwaltung@remshalden.de

Schorndorf, Touristik-Information
Marktplatz 1
73614 Schorndorf
Telefon 0 71 81 – 60 21 17
Internet: www.schorndorf.de
eMail: stadt@schorndorf.de

Waiblingen, Stadtinformation
Marktgasse 1
71332 Waiblingen
Telefon 0 71 51 – 5 00 14 23
Telefax 0 71 51 – 5 00 14 46
Internet: www.waiblingen.de
eMail: presseamt@waiblingen.de

Weinstadt
Marktplatz 1
71384 Weinstadt
Telefon 0 71 51 – 69 30
Telefax 0 71 51 – 69 32 90
Internet: www.weinstadt.de
eMail: info@weinstadt.de

Winnenden, Kulturamt
Torstraße 10
71364 Winnenden
Telefon 0 71 95 – 1 31 41
Telefax 0 71 95 – 1 34 44
Internet: www.winnenden.de

Winterbach, Bürgermeisteramt
Marktplatz 2
73650 Winterbach
Telefon 0 71 81 – 7 00 60
Telefax 0 71 81 – 70 06 35
Internet: www.winterbach.de
eMail: gemeinde@winterbach.de

Restaurant-Schmuckstück in der Backnanger Altstadt gelockt hätte. Schon von außen ist das knapp hundertjährige Fachwerkhaus ein Blickfang, innen begeistert

das elegante Ambiente auf drei Ebenen: im Erdgeschoss mit Blick in die kleine verglaste Küche, im Gewölbekeller unten oder im ersten Stock, in dem gern für Gesellschaften eingedeckt wird. Viel Holz, geschmackvolle Bilder an den Wänden, liebevolle und auf die Jahreszeit abgestimmte Tischdekoration lassen staunen. Ebenso viel Mühe geben sich die „Tafelhaus"-Betreiber übrigens auch auf der Terrasse mit ihren 40 Sitzplätzen. Mit der Saison geht hier die häufig wechselnde Speisekarte. Lars Schürer ist ständig auf der Suche nach engagierten Lieferanten und interessanten Rezepten, verwendet Gemüse vom Backnanger Wochenmarkt, Fisch aus dem Mittelmeer und bald vielleicht auch australische Riesenmuscheln

TAFELHAUS
RESTAURANT & WEINKELLER

SCHILLERSTRASSE 6
71522 BACKNANG

TELEFON 0 71 91 – 90 27 77
TELEFAX 0 71 91 – 90 27 88

GEÖFFNET:
DIENSTAG – SAMSTAG 11.30–14.30 UHR UND AB 18 UHR, SONNTAG UND MONTAG GESCHLOSSEN.

Erfahrung ist das eine, Mut das andere. Wer sich im Alter von 21 Jahren selbstständig macht, hat jedenfalls von letzter Eigenschaft reichlich. Lars Schürer scheute im Jahr 2001 das Risiko nicht und übernahm das Backnanger „Tafelhaus". Nach einer soliden Ausbildung übrigens: In „Schassbergers Kur- und Sporthotel" am Ebnisee, einer hoch renommierten Adresse, amtierte Schürer bereits als stellvertretender Küchenchef.
Wo der junge Mann vielleicht noch eine Weile geblieben wäre, wenn nicht das

namens Abalone, die ein Bekannter auf der anderen Seite der Erde züchtet. Nicht zu vergessen die 30 verschiedenen Kräuter, die der Küchenchef selbst pflegt. „Das Beste aus dem Produkt herausholen", ist sein Motto, und so bringt Schürer sein Schaumsüppchen von Zuckerschoten unter Zugabe von getrockneten Tomaten zu neuer Dimension oder kombiniert das Rehnüsschen mit getrüffeltem Selleriepüree und kongenialem Thymianrisotto. Neben den Speisen à la carte verführt der Chef seine Gäste mit Menüs zu attraktiven Preisen und mittags mit einer speziellen Karte für Genießer mit begrenzter Zeit. Mittwochs und samstags öffnet das „Tafelhaus" bereits um halb zehn am Morgen zum Marktfrühstück – eine gute Gelegenheit, um bei Kaffee und selbst gebackenem Brot ein Restaurant mit Ideen kennen zu lernen.

Weisse Bouillabaisse vom Taschenkrebs mit bretonischem Steinbutt und Jakobsmuscheln, mit fernöstlichen Aromaten gebraten

Zutaten

4 Taschenkrebse, 1 kleiner Steinbutt, 8 Jakobsmuscheln, Gemüse für diverse Fonds, Hühnerbrühe, Kokosfett

Gewürze

Zimtstangen, Szechuan-Pfeffer, Ingwer, Sternanis, chinesischer Knoblauch, Thai-Chili, weißer Pfeffer Meersalz (zusätzlich 1/2 kg für die Dekoration)

Zubereitung

Steinbutt filetieren und in vier gleiche Stücke portionieren. Gewürze anrösten und im Mörser leicht zerstoßen. Mit dieser Mischung den Steinbutt und die ausgelösten Muscheln würzen und beiseite stellen. Taschenkrebse kurz in der Hühnerbrühe blanchieren und 4 bis 5 Minuten ziehen lassen, auslösen und den roten Rogen trennen. Karkassen mit dem jungen Gemüse anrösten und mit der Hühnerbrühe ablöschen. 25 Minuten leicht köcheln lassen und anschließend abpassieren, mit kalter Butter aufmontieren. Den Steinbutt auf der Hautseite anbraten und langsam bei 180 °C im Rohr fertig garen. Die Jakobsmuscheln mit jeweils einer Zimtstange piercen und mit jungem Ingwer und Sternanis in der Pfanne mit Kokosfett kurz anbraten. Anschließen immer mit dem eigenen Bratensaft begießen und somit ganz langsam fertig garen.

Restaurant Friedrich von Schiller

Restaurant Friedrich von Schiller im Hotel zum Schiller

Am historischen Marktplatz 5
74321 Bietigheim-Enz

Telefon 0 71 42 – 9 02 00
Telefax 0 71 42 – 90 20 90

Geöffnet:
Dienstag bis Samstag 12-14 und 18-22 Uhr, Montag ab 18 Uhr, Sonntag Ruhetag, Feiertage auf Anfrage

Gute Küche und gute Weine gehören zusammen. Eine Binsenweisheit, natürlich, aber häufig interessieren sich auch die talentiertesten Köche nicht sonderlich für die rechte Kombination von Speisen und Wein. Burkhard Schork jedoch, Patron und Küchenchef des Restaurants „Friedrich von Schiller", gehört zu den bewundernswerten Ausnahmen von der Regel.
Über Jahre hinweg hat der Weinliebhaber, gemeinsam mit seiner Frau Regine, aus einem einfachen Metzgerstüble eines der interessantesten Restaurants im Großraum von Stuttgart gemacht. Mit einer Beharrlichkeit, wie sie den echten Weinkenner auszeichnet, sammelte er die besten Jahrgänge der Württemberger Winzer. Ob es Lemberger oder Trollinger sind, Schwarzriesling oder der seltene Muskattrollinger – was die Ländle-Winzer an edlen Kreszenzen hervorbringen, lagert mit Sicherheit im „Schiller"-Keller. Doch damit nicht genug. Auch aus anderen deutschen Anbaugebieten, aus Burgund oder Bordeaux, Italien und Neuseeland hat Schork eine Fülle an Weinen zusammengetragen.
Obwohl man mit dem Studium der Weinkarte einen ganzen Abend verbringen könnte – im Restaurant „Friedrich von Schiller" wäre es ein Fehler, das Essen zu vernachlässigen. Burkhard Schork kocht in dem gemütlich-eleganten Restaurant am historischen Bietigheimer Marktplatz eine kreative schwäbische Küche mit besten Produkten und Saucen, die perfekt auf den Weingenuss abgestimmt sind. Der Bietigheimer Laubfrosch etwa, eine kunstvolle

Komposition aus Zander, Saibling und Spinatflädle, geht mit einem barriquegereiften Weißburgunder eine kaum für glaublich gehaltene Liaison ein. Und zum geschmorten Kalbsherz sollte man den Chef selbst um eine Rotwein-Empfehlung bitten – eine Vielzahl an spannenden Gewächsen ist auch glasweise zu haben. Vielleicht auch eine von Schorks eigenen Abfüllungen: Seine Rotweincuvée ist benannt nach der italienischen Gräfin Antonia Visconti, einer mittelalterlichen Wohltäterin Bietigheims. Von diesem charmanten Tropfen darf man schon mal ein Viertele mehr trinken – vielleicht auf der geschmackvoll eingerichteten Veranda hinter dem Haus. Moderne Gästezimmer stehen, für alle Fälle, ebenfalls zur Verfügung.

Bietigheimer Laubfrosch auf meine Art

Zutaten für 4 Personen

200 g Zanderfilet
200 g Saiblingsfilet
500 g Fischfarce
100 g blanchierte Spinatblätter
3-4 Eier, Mehl, Milch, etwas Butter
Salz, Pfeffer aus der Mühle
Zitronensaft, Limonenpfeffer

für den schwäbischen Kaviar

200 g gekochte Perlgraupen
8 Stück Rote-Bete-Kugeln
Rote-Bete-Saft
Schwarzrieslingessig
Spinatblätter
Fischweißweinsauce

Zubereitung

Spinat und Eier im Mixer fein pürieren und in eine Schüssel gießen. Milch zugeben, Mehl einrühren, abschmecken und einen Flädleteig herstellen. Zum Schluss etwas angebräunte Butter unterrühren. Aus diesem Teig nicht zu stark angebratene Flädle backen und auskühlen lassen.

Fischfilets mit Salz, Pfeffer und Zitronensaft würzen und mit der Farce schichtweise in das Flädle einpacken. Mit Klarsichtfolie einwickeln und verschließen.

Diesen „Laubfrosch" im Wasserbad bei 80 °C ca. 15-20 Minuten pochieren. Vor dem Anschneiden etwas ruhen lassen.

In der Zwischenzeit Rote-Bete-Kugeln mit Butter, Rote-Bete-Saft, Zucker, Salz und Essig anglacieren und warm halten. In den warmen Saft die Graupen geben.

Zum Anrichten den „Laubfrosch" in Scheiben schneiden und auf den „Kaviar" setzen. Mit etwas Fischsauce nappieren und garnieren. Dazu ein Weißburgunder**** Barrique vom Weingut Ernst Dautel in Bönnigheim.

Landgasthof Pflug

Schwäbisch Hall kennen viele Nicht-Schwaben vor allem als Sitz der gleichnamigen Bausparkasse. Doch das idyllische Städtchen hat noch einiges mehr zu bieten. Sommerliches Freilufttheater, einen zauberhaften Ortskern und viel Landschaft ringsum.

Genau dort, wenige Kilometer außerhalb des Zentrums, steht der „Landgasthof Pflug". Früher eine schlichte Schankwirtschaft, hat sich das eindrucksvolle Gebäude aus dem Jahre 1805 zu einem der besten Restaurants im Umkreis gemausert. Dank des engagierten Patrons und Küchenchefs Hans-Harald Reber und seiner aus Niedersachsen stammenden Frau Anette, dank vieler Ideen und eines motivierten Küchen- und Serviceteams.

Im Jahre 1996 begann Reber, den Familienbetrieb zu neuen Ufern zu rudern. Nachdem zunächst der Gastraum neu eingerichtet wurde, behagliche Hotelzimmer gestaltet

Landgasthof Pflug

Weckriedener Strasse 2
74523 Schwäbisch Hall

Telefon 07 91 – 93 12 30
Telefax 07 91 – 9 31 23 45

Geöffnet:
Montag und Dienstag Mittag geschlossen.

waren und der große Biergarten mit schmucken Holzmöbeln bestückt, kam vor kurzem ein ganz neuer, eleganter Restauranttrakt dazu. Zuvor war es auch wirklich ein wenig eng, jetzt haben bis zu 60 Genießer Platz im „Pflug". Noch mehr, nämlich 90, passen in den Biergarten unter Kastanienbäumen, und für große Gesellschaften ist das stabile Zelt hinter dem Haus der ideale Rahmen.
Wie es sich für einen echten Landgasthof gehört, verzeichnet die Speisekarte natürlich auch jede Menge ländlich-schwäbische Spezialitäten. Gaisburger Marsch vom Hohenloher Tafelspitz oder der knusprige schwäbisch-hällische Spanferkelrücken gehören zu den unverzichtbaren „Pflug"-Spezialitäten. Doch Hans-Harald Reber, der seine Lehr- und Wanderjahre unter anderem im Baiersbronner Spitzenlokal „Bareiss" verbrachte, kann auch anders. Wie wär's denn mit Praliné von der Gänseleber, den hausgemachten Safrannudeln mit gebratenen Meeresfrüchten oder einer hausgemachten Zimtmousse? Solche Kreationen waren den Restaurantführern in den letzten Jahren hohe Noten wert. Der denkmalgeschützte Kräuter- und Gemüsegarten vor dem Haus liefert einen Teil der Zutaten, anderes wird von qualitätsbewussten Landwirten der Umgebung eingekauft. Der ehrwürdige Gewölbekeller ist mit Württemberger Rot- und Weißweinen, aber auch mit französischen oder italienischen Tropfen bestens gefüllt. Ein Gläschen Moscato d'Asti zum Aperitif (oder nach dem Essen?) passt überraschend gut in einen schwäbischen Landgasthof mit mediterranem Charme – noch ein Grund, nach Schwäbisch Hall zu reisen.

Marinierter Tafelspitz auf Rote Beete und Meerrettich-Gemüsevinaigrette

Zutaten für 6 Personen

500 g gekochter Rindertafelspitz
500 g Rote Beete, gekocht

Für die Vinaigrette

70 g Tafelmeerrettich
50 g Sonnenblumenöl
25 g Weißweinessig
50 g Tafelspitzbrühe
je 100 g Karotten-, Sellerie- und Lauchwürfel, in 2 mm große Stücke geschnitten und gekocht.
Salz, Pfeffer, Zucker
Salate der Saison und Kräuter zum Garnieren

Zubereitung

Nach dem Vorbereiten der Zutaten die Meerrettich-Gemüsevinaigrette anrühren. Danach den erkalteten Tafelspitz (gegen die Faser!) und die Rote Beete in ca. 2 mm dicke Scheiben schneiden. Diese abwechselnd aufeinander schichten und jede Lage mit der Vinaigrette marinieren.
Zum Schluss den Tafelspitz mit kleinen Salatherzen und Kräutern garnieren und mit kleinen Bratkartoffeln anrichten.

Kulinarische Empfehlungen

Hotel am Schlossgarten 14
Schillerstraße 23
70173 Stuttgart
Telefon 07 11 – 2 02 60
Telefax 07 11 – 2 02 68 88
Internet: www.hotelschlossgarten.com
eMail: info@hotelschlossgarten.com

Di Gennaro
Delikatessen und Gastronomie GmbH 16
Kronprinzstraße 11
70173 Stuttgart
Telefon 07 11 – 2 22 96 03
Internet: www.digennaro.de
EMail: di_gennaro_gmbh@t-online.de

Di Gennaro 16
Markthalle
70173 Stuttgart
Telefon 07 11 – 24 54 97

Flair Hotel Wörtz – Restaurant & Schlösschen Zur Weinsteige 18
Hohenheimer Straße 28-30
70184 Stuttgart-Mitte
Telefon 07 11 – 2 36 70 00
Telefax 07 11 – 2 36 70 07
Internet: www.hotel-woertz.de oder
www.zur-weinsteige.de
EMail: info@hotel-woertz.de

Relexa Waldhotel Schatten 20
Magstadter Straße
70569 Stuttgart
Telefon 07 11 – 6 86 70
Telefax 07 11 – 6 86 79 99
Internet: www.relexa-hotel.de
eMail: stuttgart@relexa-hotel.de

Jägerhaus 22
Obere Waiblinger Straße 110
70374 Stuttgart-Bad Cannstatt
Telefon: 07 11 - 52 60 90
Telefax: 07 11 - 52 04 90 13
Internet: www.krehl-gastronomie.de
EMail: info@krehl-gastronomie.de

Krehl's Linde 22
Obere Waiblinger Straße 113
70374 Stuttgart-Bad Cannstatt
Telefon: 07 11 – 5 20 49 00
Telefax: 07 11 - 52 04 90 13
Internet: www.krehl-gastronomie.de
EMail: info@krehl-gastronomie.de

Weinmanufaktur Untertürkheim 24
Strümpfelbacher Straße 47
70327 Stuttgart
Telefon 07 11 – 3 36 38 10
Telefax 07 11 – 33 63 81 24
Internet: www.weinmanufaktur.de
eMail: info@weinmanufaktur.de

restaurant top air 26
Flughafen Stuttgart Terminal 1
70629 Stuttgart
Telefon 07 11 – 9 48 21 37
Telefax 07 11 – 7 97 92 10
EMail:
top-air.stuttgart@woellhaf-airport.de

Gasthaus Hirsch 32
Ziegelstraße 32
71063 Sindelfingen
Telefon 0 70 31 - 80 90 06
Telefax 0 70 31 - 80 53 32
Internet:
www.gasthaus-hirsch-sindelfingen.de
EMail:
Gasthaus-Hirsch.Sindelfingen@t-online.de

Wolfi's Rotisserie – Hotel Knote 34
Vaihinger Straße 14
71063 Sindelfingen
Telefon 0 70 31 – 61 10
Telefax 0 70 31 – 61 12 22
Internet: www.hotel-knote.de
EMail: service@hotel-knote.de

Landhaus Feckl 36
Keltenweg 1
71139 Ehningen
Telefon 0 70 34 – 2 37 70
Telefax 0 70 34 – 2 37 72 77
Internet: www.landhausfeckl.de
EMail: landhausfeckl@addcom.de

Hotel-Gasthof Hasen 38
Hasenplatz 6
71083 Herrenberg
Telefon 0 70 32 – 20 40
Telefax 0 70 32 – 20 41 00
Internet: www.hasen.de
eMail: post@hasen.de

Der Feinschmecker in der Kelter 40
Schmiedtorstraße 17
72070 Tübingen
Telefon 0 70 71 – 25 46 90

Hotel Convita 42
Röntgenstraße 38
72108 Rottenburg am Neckar
Telefon 0 74 72 – 92 90
Telefax 0 74 72 – 92 98 88
Internet: www.hotel-convita.de
eMail: info@hotel-convita.de

Gasthaus Schwanen 44
Marktplatz 5
72401 Haigerloch
Telefon 0 74 74 – 9 54 60
Telefax 0 74 74 – 95 46 10
Internet: www.schwanen-haigerloch.de

Gastschloss Haigerloch 46
72401 Haigerloch
Telefon 0 74 74 – 69 30
Telefax 0 74 74 – 6 93 82
Internet: www.schloss-haigerloch.de
EMail: gastschloss@schloss-haigerloch.de

Restaurant Ambassador 48
Carl-Zeiss-Straße 75
72770 Reutlingen
Telefon 0 71 21 – 5 85 64 60
Telefax 0 71 21 – 5 85 64 66
Internet: www.ambassador-reutlingen.de
EMail: info@ambassador-reutlingen.de

Hotel Fortuna 48
Carl-Zeiss-Straße 75
72770 Reutlingen
Telefon 0 71 21 – 58 40
Telefax 0 71 21 – 58 41 13

Pro-Gast Catering 48
Karlstraße 84
72766 Reutlingen
Telefon 0 71 21 – 43 43 43
Telefax 0 71 21 – 47 09 00
Internet: www.pro-gast.com
EMail: service@pro-gast.com

Albhotel Fortuna 50
Hegwiesenstraße 20
72585 Riederich
Telefon 0 71 23 - 3 80 30
Telefax 0 7123 - 3 55 44
www.albhotel.de
info@albhotel.de

Hotel Restaurant Forellenhof Rössle 52
72805 Lichtenstein-Honau
Telefon 0 71 29 – 9 29 70
Telefax 0 71 29 – 92 97 50

Speidel's Brauereile
Brauerei-Gasthof Lamm 54
Im Dorf 5
72531 Hohenstein-Ödenwaldstetten
Telefon 0 73 87 – 9 89 00
Telefax 0 73 87 – 13 80
Internet: www.speidels-brauereile.de
Email: speidels-brauereile@t-online.de

Gestütsgasthof und Landhotel
Gulewitsch 56
72532 Offenhausen
Telefon 0 73 85 – 9 67 90
Telefax 0 73 85 – 96 79 96
Internet: www.gule.de

Land- und Ferienhotel Wittstaig 58
Wittstaig 10
72525 Münsingen-Gundelfingen
Telefon 0 73 83 – 9 49 60
Telefax 0 73 83 – 94 96 99
Internet: www.hotel-wittstaig.de
EMail: mail@hotel-wittstaig.de

Zwiefalter Klosterbräu 60
88529 Zwiefalten
Telefon 0 73 73 – 20 00
Telefax 0 73 73 – 2 00 30
Internet: www.zwiefalter.de
EMail: info@zwiefalter.de

Klosterbräu Gaststätte 60
Hauptstraße 24
88529 Zwiefalten
Telefon 0 73 73 – 9 12 12
Telefax 0 73 73 – 9 12 13
Internet: www.bruihaus.de

Flair-Hotel Restaurant Frank
Vier Jahreszeiten 62
Stuttgarter Straße 5
72574 Bad Urach
Telefon 0 71 25 – 9 43 40
Telefax 0 71 25 – 94 34 94
Internet: www.flair-hotel-frank.de
EMail: flairhotelfrank@t-online.de

Hotel Restaurant Graf Eberhard 64
Bei den Thermen 2
72574 Bad Urach
Telefon 0 71 25 – 14 85 00
Telefax 0 71 25 – 82 14
Internet: www.hotel-graf-eberhard.de
EMail: info@hotel-graf-eberhard.de

Die Ulrichshöhe 66
Herzog-Ulrich-Straße 14
72622 Nürtingen-Hardt
Telefon 0 70 22 – 5 23 36
Telefax 0 70 22 – 5 49 40

Zunfthaus der Schiffleute 70
Fischergasse 31
89073 Ulm
Telefon 0731 – 64411
Telefax 0731 – 64439
Internet: www.zunftshaus-ulm.de
eMail: zunfthaus-ulm@t-online.de

Wirtshaus zur Brezel im
Akzent-Hotel Roter Löwe 72
Ulmer Gasse 8
89073 Ulm
Telefon 07 31 – 6 20 31
Telefax 07 31 – 6 02 15 02
Internet: www.akzent.de/hotels/ak165
EMail: Hotel.Roter.Loewe@akzent.de

Gasthof zur Post 74
Reuttier Straße 172
89233 Neu-Ulm/Schwaighofen
Telefon 07 31 – 9 76 70
Telefax 07 31 – 9 76 71 00
Internet: www.post-schwaighofen.de

Hofladen Scheck 76
Eisenbahnstraße 14
89081 Ulm-Grimmelfingen
Telefon 07 31 – 9 38 75 30
Telefax 07 31 – 38 92 02
Internet: www.hofladen-scheck.de

Schloss-Restaurant Erbach 78
Am Schlossberg 1
89155 Erbach
Telefon 0 73 05 – 69 54
Telefax 0 73 05 – 69 63
Internet:
www.schlossrestaurant-erbach.de

Gasthof Hotel Post 80
89150 Feldstetten
Telefon 0 73 33 – 9 63 50
Telefax 0 73 33 – 96 35 20
Internet: www.gasthof-hotel-post.de
EMail: info@gasthof-hotel-post.de

Kulinarische Empfehlungen

Landgasthof zum Hasen 82
88348 Bad Saulgau-Renhardsweiler
Telefon 0 75 81 – 4 87 40
Telefax 0 75 81 – 48 74 30
Internet: www.zumhasen.de
EMail: landgasthof@zumhasen.de

Burgrestaurant und Hotel Staufeneck 88
Burg Staufeneck
73084 Salach
Telefon 0 71 62 – 93 34 40
Telefax 0 71 62 – 9 33 44 55
Internet: www.burg-staufeneck.de
EMail: info@burg-staufeneck.de

J.Gaiser 90
Feinkosthaus & Kaffee-Rösterei
Hauptstraße 30
73033 Göppingen
Telefon 0 71 61 – 9 76 40
Telefax 0 71 61 - 97 64 44
Internet: www.gaiser-gp.de
EMail: J.-Gaiser@t-online.de

Teehaus Göppingen 90
Lange Straße 36
73033 Göppingen
Telefon 0 71 61 - 7 39 36
Telefax 0 71 61 - 97 64 44
Internet: www.teehaus-gp.de
EMail: info@teehaus-gp.de

Honey-Do, Panorama-Hotel
Café- Restaurant 92
Familie Schießl-Maier
Im Eutenbühl 1
73037 Göppingen - Hohenstaufen
Telefon 0 71 65 – 91 09 10
Telefax 0 71 65 – 9 10 91 19
Internet: www.honey-do.de
EMail: info@honey-do.de

Landgasthof Krone 94
89191 Nellingen
Telefon 0 73 37 – 9 69 60
Telefax 0 73 37 – 96 96 96

Oberbauer's Hofladen 94
Geislinger Straße 9
89191 Nellingen-Oppingen
Telefon 0 73 37 – 71 70
Telefax 0 73 37 – 66 90

Hotel Fortuna Schwäbisch Gmünd 96
Am Stadtgarten – Hauberweg
73525 Schwäbisch Gmünd
Telefon 0 7171 - 10 90
Telefax 0 7171 – 10 91 13
www.fortuna-hotels.de/fortunasgm
EMail: infoSGM@fortuna-hotels.de

Weingut Heid 100
Cannstatter Straße 13/2
70734 Fellbach
Telefon 07 11 – 58 41 12
Telefax 07 11 – 58 37 61
Internet: www.weingut-heid.de
EMail: weingut.heid@t-online.de

Restaurant Gasthof Lamm 102
Hauptstraße 44
71394 Kernen-Rommelshausen
Tel 0 71 51 - 4 13 52
Fax 0 71 51 - 4 81 61
Internet: www.lamm-kernen.de
EMail info@lamm-kernen.de

Weinstube Moiakäfer 104
Restaurant und Catering
Rommelshauserstraße 9
70734 Fellbach
Telefon 07 11 – 5 78 15 15

Remstalkellerei 108
Kaiserstraße 13
71384 Weinstadt-Beutelsbach
Telefon 0 71 51 – 6 90 80
Telefax 0 71 51 – 69 08 38
Internet: www.remstalkellerei.de

Verkehrsverein Remstal-Route e.V. 110
GF Eugen Bücheler
Bahnhofstraße 21
71384 Weinstadt-Endersbach
Telefon 0 71 51 – 2 76 50 47
Telefax 0 71 51 – 2 76 50 48
www.remstal-route.de
EMail: wein@remstal-route.de

Tafelhaus 116
Restaurant & Weinkeller
Schillerstraße 6
71522 Backnang
Telefon 0 71 91 – 90 27 77
Telefax 0 71 91 – 90 27 88
www.tafelhaus-backnang.de

Hotel-Restaurant Zum Schiller 118
Am historischen Marktplatz 5
74321 Bietigheim-Enz
Telefon 0 71 42 – 9 02 00
Telefax 0 71 42 – 90 20 90
Internet: www.restaurant-schiller.de
EMail: schiller.bietigheim.enz@t-online.de

Landgasthof Pflug 120
Weckriedener Straße 2
74523 Schwäbisch Hall
Telefon 07 91 – 93 12 30
Telefax 07 91 – 9 31 23 45
Internet: www.landgasthof-pflug.de
EMail: LandgasthofPflug@aol.com

Verzeichnis der Rezepte

KULINARISCHE ENT

...DURCH DIE SCHÖNSTE

ISBN 3-8295-6321-3

ISBN 3-8295-6402-3

ISBN 3-8295-6404-X

ISBN 3-8295-6411-2

ISBN 3-8295-6413-9

ISBN 3-8295-6418-X

ISBN 3-8295-6417-1

ISBN 3-8295-6415-5

ISBN 3-8295-6424-4

ECKUNGSREISEN...

EGIONEN DEUTSCHLANDS

ISBN 3-8295-6409-0

ISBN 3-8295-6412-0

ISBN 3-8295-6410-4

ISBN 3-8295-6416-3

ISBN 3-8295-6420-1

ISBN 3-8295-6421-X

ISBN 3-8295-6423-6

ISBN 3-8295-6419-8

Angaben für alle Titel:
Hardcover – 24x30 cm –
Fadenheftung – ca. 160 Seiten –
ca. 300 Farbfotos – 1 Karte.

Alle Titel erhalten Sie bei Ihrer örtlichen Buchhandlung. Für weitere Informationen über unsere Reihe wenden Sie sich direkt an den Verlag:

Umschau Buchverlag
Stuttgarter Straße 18-24
60329 Frankfurt am Main
Telefon 0 69/26 00 551
Telefax 0 69/26 00 559
e-Mail: info@umschau-buchverlag.de
www.umschau-buchverlag.de

UMSCHAU

Impressum

Die deutsche Bibliothek – CIP-Einheitsaufnahme
Eine kulinarische Entdeckungsreise durch Schwaben
Wolfgang Faßbender, Johann Scheibner,
(Hrsg. Katharina Többen). –
Frankfurt/Main: Umschau Buchverlag, 2003
ISBN: 3-8295-6424-4

Titelfotografie
Ulrichshöhe, Nürtingen-Hardt

Gestaltung und Satz
juhu media, Susanne Dölz, Bad Vilbel

Reproduktionen
Lithotronic-Media, Frankfurt a. Main

Fotos
Johann Scheibner, Berlin
S. 102-105 Fotografie Chris Meier, Stuttgart

Texte
Wolfgang Faßbender, Burscheid

Karte
Elsner & Schichor, Karlsruhe

Herausgeberin
Katharina Többen, Neckargemünd

Druck und Verarbeitung
Druckhaus Beltz, Hemsbach

Printed in Germany

ISBN 3-8295-6424-4